알렉산더는 기원전 4세기에 그리스,
페르시아, 인도에 이르는 대제국을 건설한
마케도니아의 왕이에요. 알렉산더가 정복한 지역에는
알렉산드리아라는 도시가 70여 군데나 세워졌지요.
이 도시들은 그리스 문화가 동방으로 진출하는
거점이 되었고, 그리스 문화와 오리엔트 문화가 융합된
헬레니즘 문화를 형성하는 데 기여했습니다.

추천 감수 김완기
• 한국아동문학회 중앙위원장, 한국아동문학연구회 수석부회장,
  국제펜·한국문인협회·한국저작권협회 회원.
• 초등학교 국어 교과서 집필·심의위원, 서울서래초등학교 교장 역임.
• 서울신문 신춘문에 동시 당선.
• 한국아동문학작가상, 한정동아동문학상, 대한민국동요대상 등 수상.
• 동화집 〈내 배꼽이 더 크단 말야〉 등 여러 권,
  동시집 〈엄마, 이게 행복인가 봐!〉,
  이야기책 〈마음이 따뜻한 101가지 이야기〉 등 다수의 어린이 책을 썼습니다.

추천 감수 이창수
• 한국문인협회 아동문학분과 회장, 한국아동문예작가회 명예회장,
  한국아동문학회 부회장, 국제펜 회원.
• 어린이 전문 출판사의 편집장, 주간 등 역임.
• 한국아동문예작품상, 한국아동문예상, 한국아동문학작가상, 김영일아동문학상 수상.
• 〈파란 꿈을 먹은 아이들〉, 〈따뜻한 남쪽 나라〉, 〈공포의 진주 동굴〉, 〈우주 여행〉, 〈구조대원 곰돌이〉,
  〈화성인과 아기 도깨비〉, 〈백두산에서 감나무골까지〉, 〈바닷속 동굴에서 만난 사람〉, 〈정수가 위험해〉 등
  200여 권의 어린이 책을 썼습니다.

추천 감수 송명호
• 한국아동문학회 회장, 한국문인협회 상임이사,
  국제펜클럽 한국본부 이사.
• 제1회 문화공보부 5월 예술상, 제1회 소년한국 문학상,
  소천아동문학상, 한국문학상, 대한민국문학상, 국제펜문학상 수상.
• 동시집 〈다섯 계절의 노래〉, 동화집 〈명견들의 행진〉,
  영화 시나리오 〈소만 국경〉, 방송극 〈개벽〉,
  장편 아동 소설집 〈전쟁과 소년〉(전5권), 〈동딴지 독도 탐방대〉,
  동극집 〈어린이 살롱 드라마〉와 〈한국·세계 위인 전기〉(전집) 등을 썼습니다.

추천 감수 이상현
• 한국문인협회 이사, 국제펜클럽 한국본부 감사, 한국아동문학회 수석부회장.
• 조선일보 기자, 서울 교통방송 편성국장, 숙명여대 및 인하대 강사 역임.
• 1962년 경향신문 신춘문에 동시 당선.
• 1979년 〈현대 시학〉 시 추천 완료.
• 한국문학상, 국제펜문학상, 세종아동문학상, 소천아동문학상, 김영일아동문학상, 한국동시문학상 등 수상.
• 동시집 〈햇빛마을 가는 길〉, 동화집 〈짝꿍〉 등 다수의 어린이 책을 썼습니다.

글 이복자
• 한국문인협회, 국제펜클럽 한국본부, 한국아동문학회, 한국동요작사작곡가협회,
  한국동요음악연구협회 회원, 한국아동문학연구회 운영위원, 풀꽃아동문학회 부회장,
  아동문학 물방울 동인, 강남 시문학회 동인, 글펀샘 동인.
• 현재 경기도 남양주시 동화중학교 교사.
• 시집 〈별과 나 사이〉, 〈가을 숲에는 배울 이별이 있지만〉, 〈내 안에 피워둔 불꽃〉, 〈배꼽에 다시 뱃줄 세우고〉,
  동시집 〈떡볶이 친구〉, 〈한눈팔지 말걸〉, 〈입장 바꿔 생각해 봐〉, 〈참 아름다운 동시〉,
  유아 동화 〈우리 나라는 언제 생겼을까〉, 〈로빈슨 크루소〉, 〈좁쌀 한 톨로 장가든 총각〉 등
  다수의 어린이 책을 썼습니다.

그림 최용호
• 세종대학교 회화과 졸업.
• 각종 전시회 및 다양한 매체에서 일러스트레이션 작업.
• 현재 mqpm 일러스트 매니지먼트에 소속되어 활동하고 있습니다.
• 〈신화야 나오너라 세상 구경 가자〉, 〈백남준〉 등의 어린이 책에 그림을 그렸습니다.

■ 〈교과서 큰 인물 이야기〉는 한국아동문학회 회원 550여 분의 문인
  선생님들께서 '어린이들에게 바람직한 인성과 가치관을 길러 주며,
  쉽고 친절한 문장과 알찬 지식으로 어린이들의 독서 활동에 유익한
  도움을 주는 책'으로 추천해 주셔서 한국아동문학회 출판문화대상
  을 수상했습니다.

교과서 큰 인물 이야기 07 알렉산더

펴낸이 박연환 | **펴낸곳** (주)한국헤르만헤세 | **출판등록** 제17-354호 | **본사** 경기도 성남시 분당구 금곡동 444-148 한국헤르만헤세 빌딩 | **대표전화** (031)715-7722 | **팩스** (031)786-1100 |
고객문의 080-715-7722 | **편집 책임** 김원선 | **디자인** 장선희, 김영주, 전선아 | **교정** 양은하, 이효선 | **교정 진행** 김진형, 정현희, 김승현, 허영란 | **이미지 제공** 연합포토, 엔싸이버 포토렌탈, 이미지클릭, 국립
중앙박물관 | ⓒ Korea Hermannhesse | 이 책의 저작권은 (주)한국헤르만헤세가 소유하고 있으므로 본사의 동의나 허락 없이 내용이나 그림을 어떠한 방법으로도 사용할 수 없습니다.
주의 본 교재를 던지거나 떨어뜨리지 않도록 주의하십시오. 다칠 우려가 있습니다. 고온 다습한 장소나 직사광선이 닿는 장소에는 보관을 피해 주십시오.

알렉산더
Alexander III

글 이복자 | 그림 최용호

한국헤르만헤세

지중해와 동방을 하나로 연결한 마케도니아의 왕

알렉산더 대왕은 기원전 356년, 힘도 없고 조그만 나라인 마케도니아에서 필리포스 왕의 아들로 태어났어요. 아버지 필리포스 왕도 패기 있는 왕이었기 때문에 알렉산더는 어려서부터 나라를 잘 다스리는 법을 익히며 자랐지요.

어느 날 갑자기 필리포스 왕이 세상을 뜨자 알렉산더는 스무 살의 나이에 왕위를 물려받았어요. 그 후 알렉산더 대왕은 10여 년에 걸쳐 유럽·아시아·아프리카의 거대한 땅을 정복하고, 서른세 살이라는 젊은 나이에 아깝게 세상을 떠났답니다.

짧은 기간 동안 많은 땅을 정복했다면 그 사람은 정복지의 많은 사람을 괴롭히고, 재물을 빼앗고, 죽였을 거라는 생각이 앞서지요? 그러나 알렉산더 대왕은 사람의 목숨을 소중하게 여기고 백성들의 평안을 먼저 생각하는 왕이었답니다.

그는 무엇보다도 문화유산에 대한 소중함을 알고 이를 값지게 생각했어요. 그가 정복한 땅에는 '알렉산드리아' 라는 도시를 건설하여 문화의 씨앗을 뿌리고 꽃을 피웠답니다. 이것이 헬레니즘 문화의 모태가 되어 훗날 세계 인류의 문화로 찬란하게 남게 되었지요.

여러분은 이 책을 읽고 알렉산더 대왕처럼 모든 일에 자신감을 가지고 지혜롭게 사는 사람이 될 수 있는지, 모든 생명을 소중히 여기고 자신보다 인류를 위해 사는 사람이 될 수 있는지 한번 생각해 보세요. 마음속에 본받고 싶은 위인이 있으면 훌륭한 사람이 될 수 있답니다.

글쓴이 이 복 자

알렉산더

지혜롭고 용감한 왕자

"티루스 성을 정복하면 승리의 기념으로 향료*를 즉시 여러분들 에게 선물하겠다. 자, 돌격하라!"

알렉산더 대왕의 명령이 떨어지자마자 말발굽 소리가 천지를 진 동하며 군사들의 함성이 하늘을 찔렀어요.

군사들은 순식간에 티루스 성을 함락시키고 마케도니아* 국기와 그리스 연합군의 깃발을 높이 매달았지요.

알렉산더 대왕은 군사들에게 약속한 대로 향료를 선물로 나누어 주었어요. 군사들은 너무나 기뻐하며 고향에 돌아가면 자신을 반겨 줄 가족들 얼굴을 떠올렸어요.

"고향의 부모님께 갖다 드려야지."

"나는 사랑스런 아내에게 줄 거야."

효심이 강한 알렉산더는 제일 먼저 어머니를 떠올렸어요.

그 다음으로 떠올린 사람은 왕자 시절에 값비싼 향료를 너무 헤프게 쓴다고 자신에게 늘 애정 어린 잔소리를 해대던 스승 레오니다스였지요. 후방에서 늘 격려하며 정복의 지혜를 끊임없이 가르쳐 주었던 또 한 분의 스승 아리스토텔레스*의 정성 또한 잊을 수가 없었답니다.

알렉산더 대왕은 세 사람에게 다음과 같은 편지를 썼어요.

* 아리스토텔레스(B.C. 384~B.C. 322)
그리스의 철학자로, 학문의 체계화에 큰 공헌을 했어요.

사랑하는 어머니!

당신의 아들 알렉산더는 마케도니아의 대왕으로서, 그리스 연합군의 총사령관으로서 줄기찬 정복의 길을 계속하고 있습니다. 페르시아를 정복한 뒤, 열병에 걸려 며칠 고생을 하였습니다. 이 아들 걱정을 하시며 홀로 계실 어머니를 생각하며 보물 창고라는 티루스 성을 함락시키고, 전쟁의 기념으로 향료를 드립니다.

티루스 성에서 아들 알렉산더 올림

인자하신 레오니다스 박사님!

박사님께서 지난날, 철부지인 저를 꾸짖으셨지요. 귀한 향료를 너무 헤프게 쓴다고요. 그 말씀을 잊을 수 없어서, 향료의 보물 창고 티루스 성을 정복하고, 박사님께서 평생 쓰실 수 있는 향료를 보내 드립니다.

티루스 성에서 제자 알렉산더 올림

존경하는 아리스토텔레스 박사님!
　지난번 주신 병서*는 저에게 큰 도움이 되고 있습니다. 박사님의 가르침에 따라 정복지에서 포로, 재물 등을 다스리고 있습니다. 티루스 성을 함락시키고, 이곳의 특산물*인 향료를 승리의 기념품으로 드립니다.

티루스 성에서 제자 알렉산더 올림

거대한 제국이었던 페르시아*를 정복한 알렉산더 대왕이 티루스 성을 그 다음 정복지로 선택한 까닭은 향료를 얻기 위해서였어요. 향료는 당시 서양에서는 구하기 어려운 아주 귀한 물건이었지요. 이후 그는 동방의 신비한 문물을 얻기 위해 이집트와 인도까지 영토를 확장해 나갔어요.

알렉산더 대왕은 그리스 북쪽의 조그만 나라였던 마케도니아 왕국에서 태어났답니다. 알렉산더의 아버지 필리포스 왕은 나라의 힘을 길러 당시 그리스의 여러 작은 도시국가를 정복했지요.
　알렉산더가 태어난 날도 필리포스 왕은 전쟁터에 나가 있었어요. 임신한 올림피아스 왕비는 홀로 궁전에 남겨져 있었지요.
　"자! 이제 우리는 포티다니아를 공격한다. 우리에게는 오직 승리만이 있을 뿐이다. 자, 돌격하라!"
　필리포스 왕은 창을 높이 치켜들고 명령을 내렸어요. 명령이 떨어지기가 무섭게 나팔 소리가 울려 퍼졌어요. 마케도니아 군사들은 모두들 결의에 찬 얼굴을 하고 있었어요.
　필리포스 왕은 성문 밖에서 적군을 향해 큰 소리로 외쳤어요.
　"잘 들어라! 포티다니아는 본래 우리의 땅이었다. 그대들은 내 나

* 병서
전쟁에 관한 책

* 특산물
어떤 지방에서만 특별히 나거나 만드는 물건.

* 페르시아
지금의 이란 남시부 지역에서 번성했던 고대 제국. 다리우스 3세가 즉위한 무렵 알렉산더 대왕이 그리스 군을 이끌고 공격해 왔어요. 결국 다리우스 왕은 베수스에게 암살되어 페르시아 제국은 멸망했어요.

▲말을 탄 필리포스 왕이 새겨진 주화.

라 땅에 살면서도 나의 명령을 듣지 않았다. 이제 그 죄를 벌하기
위하여 이렇게 왔노라!"
그러자 적장은 더 큰 목소리로 대꾸했어요.
"무슨 잠꼬대냐? 잔소리 말고 썩 물러가라!"
이때 멀리 마케도니아 궁전에서 병사 한 명이 날쌘 말 한 필을 타
고 달려왔어요.
"무슨 일이냐?"
"폐하, 기뻐하십시오!"
필리포스 왕은 다음 말이 나오기도 전에 서둘러 말을 가로채며
물었어요.
"여기는 전쟁터다. 무엇을 기뻐하라는 건가?"
"폐하! 왕자님이 탄생하셨습니다!"
병사의 말에 필리포스 왕은 너무나 기쁜 나머지 자신도 모르게

▲ 알렉산더 대왕의 어머니 올림피아스.

눈물을 주르르 흘렸어요. 그리고 다시 말 위로 올라가 군사들을 향해 외쳤어요.

"모두 들어라. 우리의 왕자가 태어났다. 나의 뒤를 이을 왕자가 태어났다. 이 나라는 장차 왕자의 나라임을 선언하노라!"

필리포스의 말에 군사들은 함성을 지르며 왕자의 탄생을 축하했어요. 필리포스 왕은 군사들을 향해 우렁찬 목소리로 외쳤어요.

"왕자의 탄생을 기리며 포티다니아를 함락시켜라. 어서 성문을 부수어라!"

명령이 떨어지자마자 마케도니아 군사들은 벌 떼처럼 성문으로 달려들었어요.

"아악!"

수많은 비명 소리가 들리고 마침내 성문이 파괴되었어요. 마케도니아 군사들은 쉴 새 없이 공격을 퍼부으며 안으로 안으로 돌진해 들어갔어요.

대항하던 적군들은 하나 둘 흩어지기 시작했고, 한쪽에서는 벌써 싸움을 포기한 사람들도 많았어요.

"항복하라! 항복하는 자는 살려 주겠다!"

▶ 알렉산더 대왕의 대리석 관의 부조.

14

필리포스 왕이 적군들에게 외쳤어요.

사방에서 창과 방패가 부딪치는 소리가 요란했어요. 칼을 휘두르는 소리는 더욱 거칠었어요.

싸움의 전세*는 마케도니아 군대 편으로 완전히 기울었어요.

포티다니아 군사들은 마케도니아 군사들의 기세에 밀리자 급기야 도망치기 시작했어요.

많은 포티다니아 군사들이 활과 창을 버린 채 손을 들어 항복했어요. 이렇게 해서 전쟁은 마케도니아의 승리로 끝났답니다.

"마케도니아, 만세!"

"어린 왕자, 만세!"

마케도니아에서 또 한 필의 말이 도착했어요.

"폐하! 파르메니오 장군께서 북부 일리리아를 쳐부수고 승리를 거두었답니다."

"오, 그 또한 반가운 소식이로다."

필리포스 왕은 기쁨에 차 있는 군사들에게 커다란 선물을 내렸습니다.

"오늘 밤은 술과 고기를 마음껏 먹고 즐겨라."

▲ 알렉산더 대왕의 아버지 필리포스 2세.

"와아! 필리포스 폐하 만세!"

그날 밤, 다시 찾은 땅인 포티다니아 성 안에서는 전쟁의 승리와 왕자의 탄생을 축하하는 성대한 잔치가 벌어졌어요.

필리포스 왕은 싸움에서 승리했다는 기쁨보다도 왕자가 태어났다는 기쁨에 잠을 이룰 수가 없었어요.

날이 밝았습니다.

필리포스 왕은 말을 타고 마케도니아 궁전으로 쏜살같이 달렸어요. 왕비와 왕자를 빨리 보고 싶은 마음에 채찍으로 말 엉덩이를 때렸어요.

"왕자는 틀림없이 나를 닮았을 거야."

"장군감일 테지."

"오! 장차 내 뒤를 이을 왕자야!"

필리포스 왕은 수없이 혼자 중얼거리며 말을 몰았어요.

궁전에 도착한 필리포스 왕은 올림피아스 왕비의 손을 꼭 잡아 주었어요.

"오, 왕비! 정말 수고 많았소. 일곱 달 만에 아이를 낳고도 산모와 아기가 모두 건강하니, 내가 복이 많은가 보오. 게다가 왕자를 낳았으니 뭘 더 바라겠소. 이제 모든 행운은 왕자와 함께 왕비의 것이오."

올림피아스 왕비는 왕이 기뻐하는 모습에 더욱 행복했어요.

아기는 아버지가 돌아온 것도 모르고 쌔근쌔근 자고 있었어요.

"아기가 폐하를 쏙 빼닮았어요."

"그렇소? 하하하!"

잠든 아기를 바라보고 있던 필리포스 왕은 아내의 말에 무척 기뻤어요. 이 아기 왕자가 뒷날 위대한 업적을 남긴 알렉산더 대왕이랍니다.

명마* 부케팔로스

*명마
훌륭한 말.

*사신
나라의 명을 받아 외국으로 파견되는 신하.

마케도니아 궁전은 외국에서 온 손님을 맞을 준비에 매우 분주했어요. 손님들은 페르시아에서 온 사신*들이었어요.

그때 테살리아에서 한 사람이 궁전으로 달려왔어요. 그는 필리포스 왕에게 아주 귀한 명마 한 필을 선물로 드리겠다고 했어요.

"폐하, 이 말은 세상에 둘도 없는 명마입니다. 그래서 폐하께 드리고자 합니다. 하지만 성질이 무척 사납고 거칠지요. 그래서 말을 다루는 솜씨가 뛰어난 사람이 타야 합니다."

"그렇다면 그 말을 내가 받겠다."

흑인 장군 클레이토스가 다가서며 큰 소리로 말했어요. 클레이토스가 말의 고삐를 바짝 움켜쥐고 말의 등에 올라타자 말은 머리를 치켜세우고 고개를 번쩍 들었어요. 그리고 우렁찬 울음 소리와 함께 껑충 뛰어올랐다가 내려오면서 날쌔게 뒷발질했어요. 클레이토스 장군은 곤두박질쳐서 아래로 나가떨어졌어요.

이를 지켜보던 필리포스 왕은 몹시 화가 났어요.

"여봐라! 저 말을 선물하겠다고 온 자를 당장 체포하라. 저 자는 외국 사신들 앞에서 나를 웃음거리로 만들려고 한 게 분명하다."

필리포스 왕에게 명마를 주겠다고 찾아온 사람은 그만 누명을 쓰고 꽁꽁 묶이는 신세가 되었답니다. 바로 그때, 레오니다스의 안내를 받으며 들어오는 사람이 있었어요.

"저 분은 아리스토텔레스 박사님이 아니신가?"

필리포스 왕은 물론 신하들도 모두 자리에서 일어나 아리스토텔레스를 맞이했어요.

▲ 사랑하는 말 부케팔로스를 탄 알렉산더.

레오니다스는 필리포스 왕의 귀에다 대고 귓속말을 했어요.

"폐하! 앞으로 왕자님의 교육을 위해서는 아리스토텔레스 박사님의 지도가 꼭 필요하다고 생각하여 제가 모시고 왔습니다."

필리포스 왕은 그제야 고개를 끄덕였어요. 그러나 오늘은 외국 사신들을 위한 자리였기 때문에 그 얘기는 다음에 하기로 했어요.

"아리스토텔레스 박사님, 오늘 이 잔치는 외국 사신들을 위한 자리입니다. 부담 갖지 마시고 즐겁게 말씀 나누십시오."

필리포스 왕은 아리스토텔레스를 극진히 대접했어요.

아리스토텔레스는 알렉산더 왕자를 유심히 바라보더니 왕에게 이야기했어요.

"폐하! 저 말이 세계에서 하나밖에 없는 명마라 하셨습니까?"

"그렇다고 합니다만, 워낙 사나워서 썩 마음에 들진 않습니다."

"다른 사람에게 한번 타 보게 하는 것이 어떻겠습니까?"

아리스토텔레스는 알렉산더 왕자 쪽을 바라보았어요.

"폐하! 왕자님의 표정을 보십시오. 저 명마를 타 보고 싶어하는 의욕*이 넘치지 않습니까?"

필리포스 왕은 깜짝 놀랐어요.

"예? 왕자에게……."

"왕자님은 뛰어난 장군들 때문에 자신의 의지를 밝히지 못하고 있을 뿐이옵니다. 저 타오르는 눈빛을 좀 보십시오."

필리포스 왕은 무척 고민스러웠어요.

'페르시아에서 온 사신들도 있고, 조정의 신하들과 장군들이 있는 자리에서, 만약에 알렉산더 왕자가 말을 잘 다루지 못해 실패한다면…….'

그러나 아리스토텔레스는 왕의 마음을 다 헤아리고 있었어요.

"폐하! 왕자님은 반드시 해낼 것입니다."

일이 이렇게 되니 필리포스 왕은 할 수 없이 알렉산더 왕자를 불

* 의욕
하고 싶어하는 마음.

렀어요.

"왕자! 너는 저 명마를 어떻게 생각하느냐?"

"아주 훌륭한 말입니다. 털이며 갈기, 생김새, 울음 소리, 날쌘 뒷발질, 모두 나무랄 데 없이 훌륭합니다."

왕은 알렉산더의 분명하고 자신에 찬 말투에 매우 놀랐어요.

"그렇다면 네가 한번 타 보겠느냐?"

"예! 자신 있습니다."

▲ 알렉산더 대왕의 얼굴이 새겨진 주화.

필리포스 왕은 아들이 대견하*고 믿음직스러우면서도 한편으론 마음이 놓이지 않았어요. 왕은 구원을 청하는 눈빛으로 아리스토텔레스를 바라보았어요.

"폐하! 걱정 마십시오. 벌을 내리신다면 제가 대신 받지요. 제가 저 앞에 나가 무릎을 꿇고 큰절로 사과를 드리겠습니다."

아리스토텔레스는 자신 있게 말했어요.

드디어 알렉산더가 명마에게 다가갔어요. 그러고는 말의 목덜미를 쓰다듬어 주며 속삭였어요.

"친구야, 우리 잘 사귀어 보자."

명마는 알렉산더의 말을 알아들었다는 듯이 눈을 깜박거렸어요. 알렉산더는 늠름하게 말 안장*에 올라탔어요.

필리포스 왕도, 신하들도, 장군들도 모두 숨을 죽이며 초조하게 지켜볼 뿐이었어요.

알렉산더는 명마의 말고삐를 바싹 잡아당기며 광장을 향해 채찍을 내리쳤어요. 말은 갈기를 곤두세우며 쏜살같이 달렸습니다.

"와!"

"알렉산더 왕자님, 만세!"

잔치에 참석한 사람들이 모두 일어나 뜨거운 박수갈채를 보냈습니다. 잠시 후 알렉산더가 말에서 내려 필리포스 왕에게 다가가자 왕은 자랑스러운 아들을 힘껏 끌어안았어요.

*대견하다
마음에 퍽 흐뭇하고 자랑스럽다.

*안장
사람이 타기 위하여 말의 등에 얹는 가죽으로 만든 기구.

"왕자! 정말 장하도다! 왕자는 장차 이 나라를 다스리는 데 머물
지 말고, 더 넓은 세계를 다스리는 장한 왕이 되어라."
"명심하겠습니다."
알렉산더 왕자는 씩씩하게 대답했어요.
왕자가 명마를 다스린 것은 예리한 관찰력의 결과였어
요. 명마는 클레이토스 장군이 말에 올라타는 순간 자신
의 검은 그림자를 보고 놀라 껑충 뛰고 뒷발질을 했어

요. 알렉산더 왕자는 이것을 정확히 보고 있었지요.

알렉산더는 말이 그림자를 보지 못하도록 말고삐를 바싹 추켜올려 광장을 멋지게 달릴 수 있었던 거였어요.

알렉산더 왕자를 직접 본 페르시아 사신들은 무척 놀랐어요. 물론 그 전에도 왕자의 지혜와 용맹은 이미 널리 알려진 터였어요.

알렉산더 왕자와 아리스토텔레스는 이렇게 생각하는 방향이 서로 같았답니다.

필리포스 왕은 아리스토텔레스가 알렉산더 왕자를 판단한 지혜에 감탄했어요.

"아리스토텔레스 박사님, 오늘의 성공을 기념할 수 있도록 저 명마의 이름을 지어 주십시오."

"부케팔로스가 좋을 듯합니다. 이는 '왕자님과 함께'라는 뜻을 지닌 말입니다."

"훌륭한 이름이군요. 아주 좋습니다."

필리포스 왕은 흐뭇해 하며 큰 소리로 외쳤어요.

"여러분, 잘 들으시오! 아리스토텔레스 박사님께서 우리 마케도니아의 알렉산더 왕자를 위하여 명마의 이름을 부케팔로스라고 지어 주셨소. 이 명마가 앞으로 알렉산더 왕자와 생사를 함께할 것이라는 깊은 뜻을 지닌 멋진 이름이오. 잘 기억해 두시오."

아리스토텔레스는 기뻐하는 왕에게 한 가지 청을 했어요.

"폐하! 저렇게 훌륭한 명마를 선물로 바친 사람을 어서 풀어 주셔야지요."

"아, 참! 그렇군요."

필리포스 왕은 빙그레 웃으며 그 자리에서 말 주인을 풀어 주었답니다.

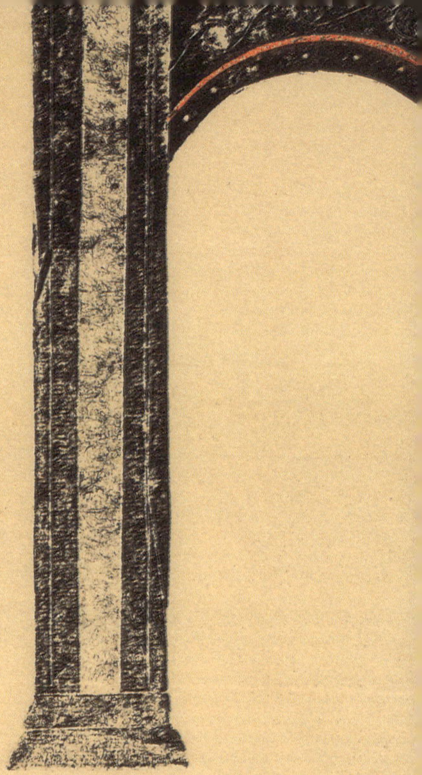

훌륭한 스승의 가르침

필리포스 왕은 알렉산더가 나날이 성장하는 모습을 보며 교육 문제에 대해 고민하고 있었어요.

그래서 참모*를 시켜 왕자에게 올바른 학문과 진정한 무예를 가르쳐 줄 좋은 스승을 찾도록 했어요.

왕은 참모가 소개하는 사람들 가운데서 두 사람을 정하고, 곧 불러오라고 명령했어요.

"내가 그대들을 부른 까닭은……."

왕은 잠시 말을 멈추고 그들을 다정한 눈빛으로 바라보았어요. 그들은 왕의 신임을 받던 믿음직스러운 필로타스 장군과 레오니다스 박사였어요.

"그대들이 앞으로 우리 왕자의 교육을 맡아 주길 바라오."

*참모
윗사람을 도와 어떤 일을 꾀하고 꾸미는 데 참여함. 또는 그런 사람.

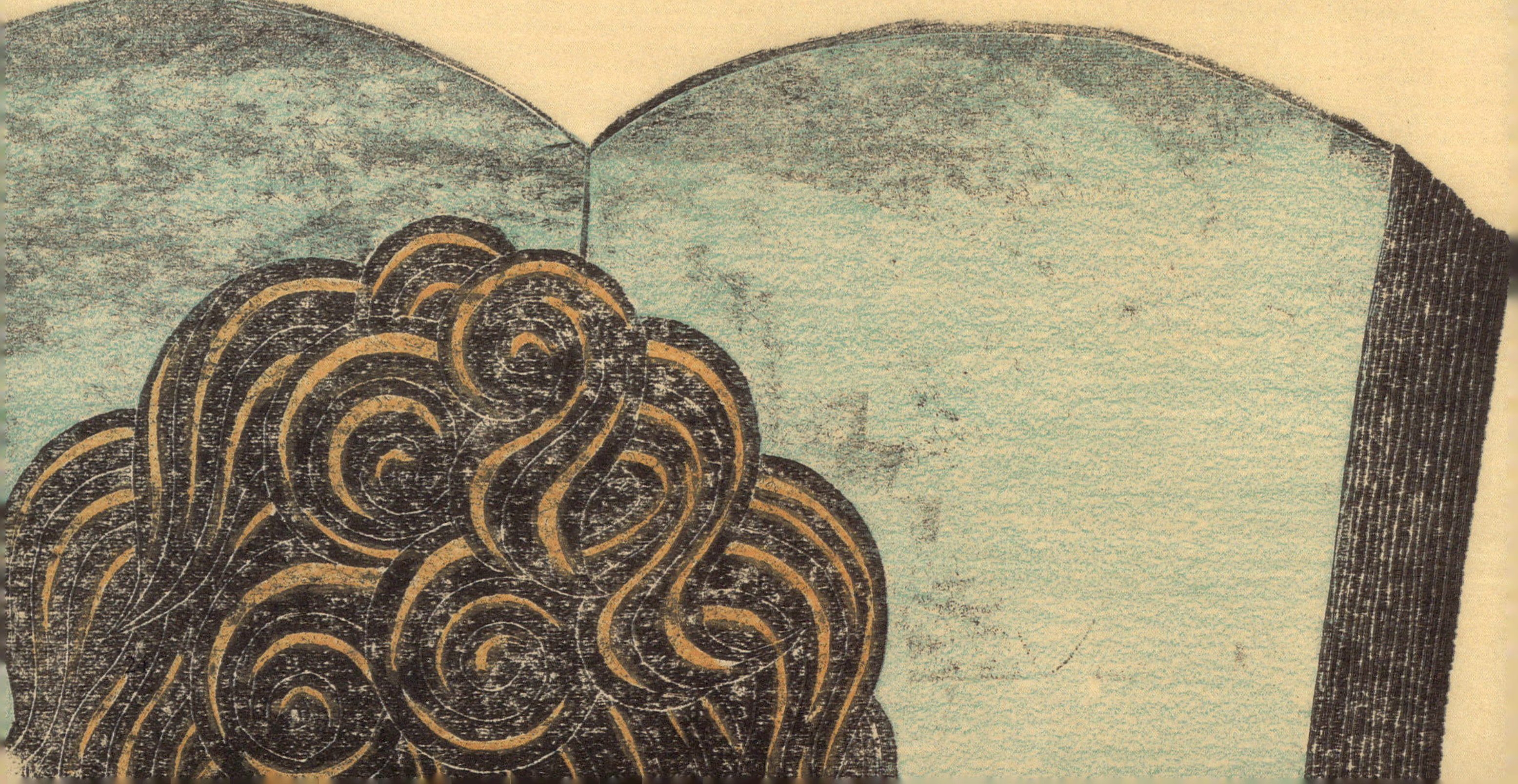

두 사람은 왕자에게 학문과 무예를 가르치게
된 것을 영광으로 생각하고 이를 기꺼이 받
아들였어요.

필리포스 왕은 알렉산더 왕자를 불렀어요.

"알렉산더, 두 분께 인사를 올려라. 앞으로 너에게 학문과 무예를
가르쳐 주실 선생님이시다."

필로타스 장군은 당시에 제일가는 무예가로 알려져 있었고, 레오
니다스 박사는 군사학 분야에서는 따라갈 사람이 없을 정도로 학문
과 지식이 깊은 분이었답니다.

알렉산더 왕자는 그날부터 두 스승에게서 새로운 학문과 무예를
익히기 시작했어요. 어린 나이에 감당하기 어려운 무예도 불평 한
마디 없이 척척 해냈어요. 그는 하나를 가르쳐 주면 둘을 아는 슬기
로운 왕자였어요.

▲ 아테네의 아크로폴리스.

두 분 스승은 그런 왕자에게 칭찬을 아끼지 않았답니다.

그렇게 석 달이 지났어요.

어느덧 많은 것을 알게 된 알렉산더는 이제 스승님들이 가르쳐 주는 것들이 재미가 없고 호기심도 생기지 않았어요.

한 번도 빠진 적 없는 무예 시간에도 알렉산더는 일부러 나가지 않았어요.

"웬일일까? 왕자님이 안 나오시다니……."

필로타스 장군은 알렉산더의 경호원인 쿠르타스에게 물었어요.

"왕자님은 어디 계신가?"

"왕자님은 편찮으셔서 방에 누워 계십니다."

"사실인가? 무예 시간에 빠질 정도로 편찮으시다는 건가? 설마 거짓말은 아닐 테지?"

"예, 장군님……."

당황하는 쿠르타스의 모습을 본 필로타스 장군은 알렉산더 왕자가 정말 아픈 것이 아니라 꾀병을 부리고 있다는 것을 눈치 챘어요.

"쿠르타스! 왕자님이 편찮으셔서 무예 시간에 나오시지 못했다고 폐하께 가서 말씀드려야겠네."

그러자 놀란 쿠르타스는 손을 내저으면서 말했어요.

"장군님! 자, 잠깐만 기다리세요."

쿠르타스는 서둘러 알렉산더 왕자의 방 문을 열고 안으로 들어갔습니다.

"왕자님! 이 일을 어쩌면 좋습니까?"

"무슨 일이냐?"

"필로타스 장군께서 폐하께 말씀드리겠답니다."

쿠르타스는 필로타스가 한 말을 그대로 전했어요. 이야기를 다 듣고 난 알렉산더는 쓸쓸한 미소를 지으며 내뱉듯이 말했어요.

"일러바치겠다는 건가? 장군답지 못하군."

그러고는 다시 읽던 책으로 눈길을 돌렸어요.

쿠르타스는 할 수 없이 왕자의 방에서 물러나왔어요.

"왕자님께서 뭐라고 하셨는가?"

"몸이 아파 못하겠다 하셨습니다."

필로타스 장군에게서 이 이야기를 들은 레오니다스 박사도 이제 왕자에게 더 훌륭한 스승이 필요한 시기라고 생각했어요.

그래서 페르시아 사신들을 위한 잔칫날, 레오니다스 박사는 필리포스 왕에게 아리스토텔레스를 왕자의 새로운 스승으로 모시는 것이 좋겠다고 말한 것이랍니다.

필리포스 왕은 레오니다스 박사의 청을 받아들여 그 시대 최고의 철학자*이자 교육자였던 아리스토텔레스에게 아들 알렉산더의 교육을 부탁하기로 마음먹었어요.

"아리스토텔레스 박사님을 정중히 모셔 오너라."

필리포스 왕의 명령을 받은 부하는 즉시 말을 타고 아테네로 달려갔어요.

아리스토텔레스는 불과 며칠 전에 필리포스 왕을 만나긴 했지만, 아무 예고*도 없는 갑작스런 부름에 깜짝 놀랐어요.

"폐하께서 나를 무슨 일로 부르십니까?"

"저는 잘 모르겠고, 그저 정중하게 모셔 오라는 분부만 내리셨습니다."

아리스토텔레스는 의아해 하며 그를 따라 마케도니아로 출발했어요.

"어서 오세요, 아리스토텔레스 박사님."

"무슨 일로 저를 부르셨습니까?"

"어려운 부탁이 하나 있습니다. 알렉산더 왕자의 교육을……."

"궁전 안에도 훌륭한 분들이 많이 계시지 않습니까?"

"아닙니다, 박사님. 알렉산더 왕자는 박사님이 가르쳐 주셔야 합

* 철학자
인생과 세계의 구체적이고 현실적인 문제를 근본적으로 해결하는 학문인 철학을 전문적으로 연구하는 사람.

* 예고
미리 알림.

니다."

아리스토텔레스는 왕의 간청을 더 이상 거절할 수가 없었어요.

"폐하, 최선을 다해 훌륭하게 가르치겠습니다."

이렇게 하여 아리스토텔레스는 알렉산더 왕자가 열세 살일 때, 그와 일생을 함께 할 스승이 되었어요. 이미 아리스토텔레스는 당대 최고의 철학자이자 교육자로서 이름을 떨치고 있었지요.

아리스토텔레스도 총명하기 이를 데 없는 알렉산더 왕자를 만난 것을 무척 감사하게 여겼어요. 그는 알렉산더 왕자에게 자신이 알고 있는 것들을 하나하나 자상하게 깨우쳐 주었어요.

"왕자님! 철학은 지혜의 학문입니다. 즉, 철학에는 생명들이 나고 자라서 크며 죽는 일을 알게 하는 동물, 식물, 생물 등에 대한 모든 학문이 담겨 있습니다. 철학은 아

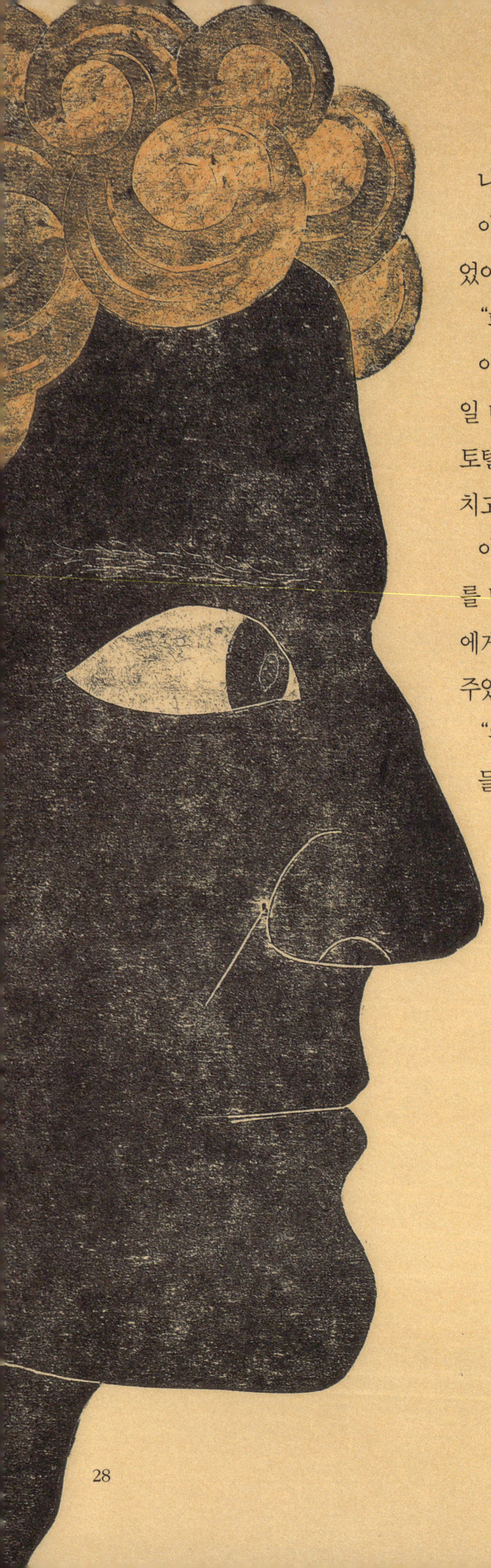

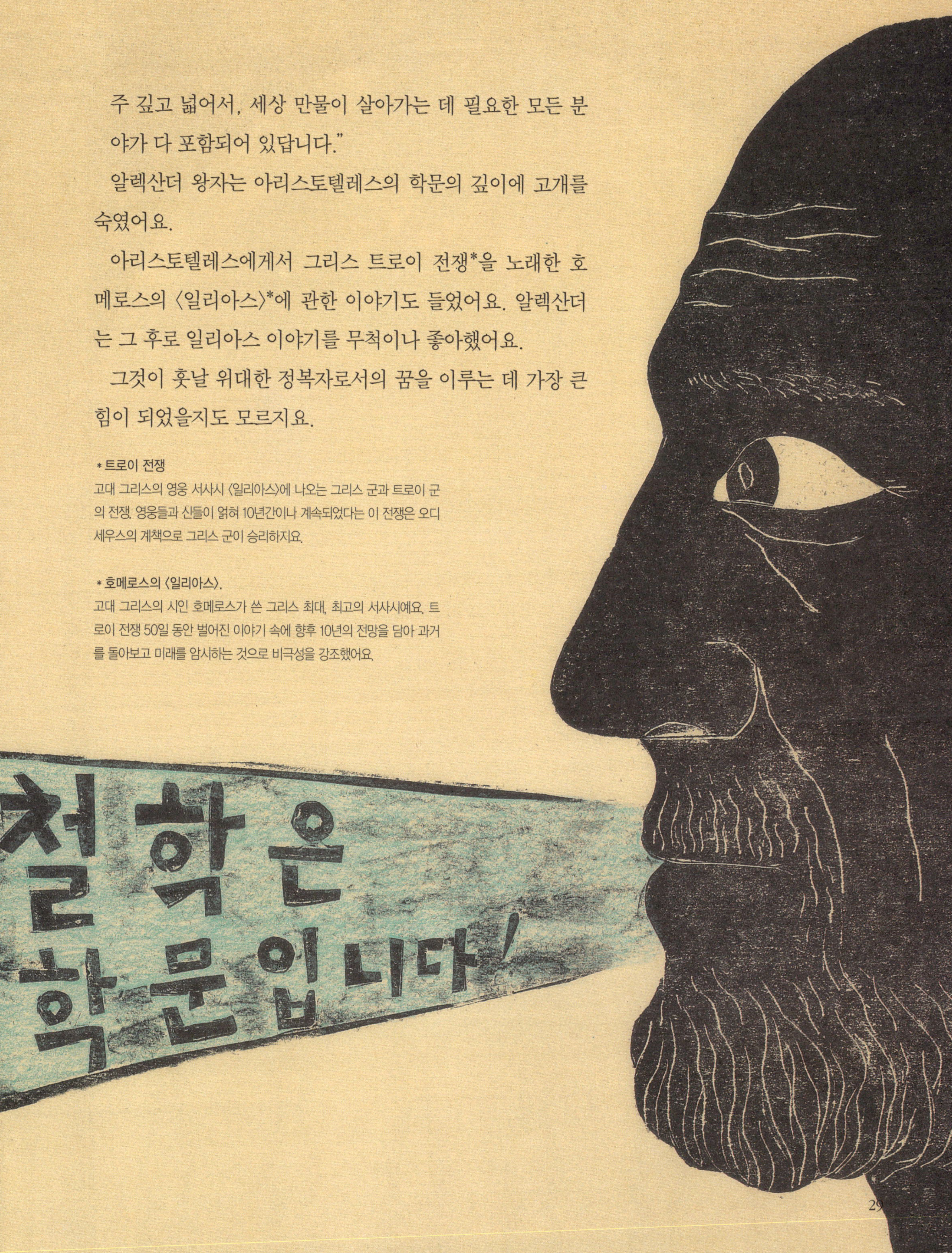

주 깊고 넓어서, 세상 만물이 살아가는 데 필요한 모든 분야가 다 포함되어 있답니다."

알렉산더 왕자는 아리스토텔레스의 학문의 깊이에 고개를 숙였어요.

아리스토텔레스에게서 그리스 트로이 전쟁*을 노래한 호메로스의 〈일리아스〉*에 관한 이야기도 들었어요. 알렉산더는 그 후로 일리아스 이야기를 무척이나 좋아했어요.

그것이 훗날 위대한 정복자로서의 꿈을 이루는 데 가장 큰 힘이 되었을지도 모르지요.

*트로이 전쟁
고대 그리스의 영웅 서사시 〈일리아스〉에 나오는 그리스 군과 트로이 군의 전쟁. 영웅들과 신들이 얽혀 10년간이나 계속되었다는 이 전쟁은 오디세우스의 계책으로 그리스 군이 승리하지요.

*호메로스의 〈일리아스〉.
고대 그리스의 시인 호메로스가 쓴 그리스 최대, 최고의 서사시예요. 트로이 전쟁 50일 동안 벌어진 이야기 속에 향후 10년의 전망을 담아 과거를 돌아보고 미래를 암시하는 것으로 비극성을 강조했어요.

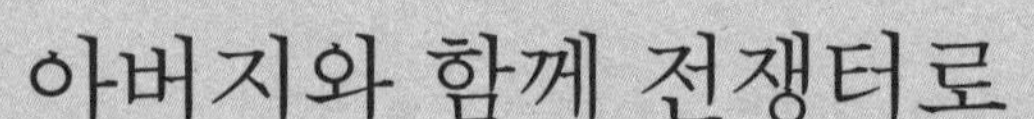

아버지와 함께 전쟁터로

어느덧 알렉산더 왕자는 열여덟 살이 되었어요.

이웃 나라이며, 알렉산더가 가장 아끼는 명마 부케팔로스의 고향인 테살리아에서 큰 반란이 일어났어요.

어느 날, 필리포스 왕이 알렉산더 왕자를 불렀어요.

"테살리아의 반란이 심각한 것 같다."

"아테네와 테베가 뒤에서 조종하고 있는 것 같습니다."

"오! 너의 생각이 맞는 것 같구나."

필리포스 왕은 테살리아의 반란을 바라보는 알렉산더 왕자의 예리함과 그 지혜에 다시 한 번 감탄했어요.

"왕자, 나와 같이 전장에 나가지 않겠느냐?"

그러자 알렉산더는 거침없이 대답했어요.

"예! 저도 가겠습니다."

알렉산더 왕자는 이번 반란으로 결국 마케도니아와 아테네가 싸우게 될 거라고 진작부터 예상하고 있었어요.

"알렉산더! 이번 원정*은 우리 마케도니아의 명예가 걸린 싸움이

* 원정
먼 곳으로 적을 공격하러 나가는 것

라는 걸 명심해야 한다."

"예, 제가 선봉에 서서 적을 무찌르겠습니다."

필리포스 왕은 왕자가 너무도 대견스럽고 자랑스러웠답니다.

하지만 알렉산더의 어머니인 올림피아스 왕비는 펄쩍 뛰었어요.

"안 돼요! 왕자가 맨 앞에 나서는 건 위험해요."

"걱정 마세요, 어머니. 저는 장차 이 나라를 이끌어 나갈 왕자입니다."

필리포스 왕은 아들의 말에 매우 만족스러워했어요.

"하지만 폐하……."

올림피아스 왕비는 아들의 용기가 대견하면서도 혹시 다치지나 않을까 걱정이 되었어요. 그러나 아들의 뜻을 더 이상 꺾을 수가 없었어요.

필리포스 왕은 군사들 앞에서 우렁찬 목소리로 명령을 내렸어요.

"모두 들어라! 우리는 지금 마케도니아의 명예를 걸고 싸우러 간
다. 나와 알렉산더 왕자를 선봉장으로 하여 출전*한다. 자, 모두
들 나와 왕자의 뒤를 따르라!"

마케도니아 군사들은 우레*와 같은 함성을 터뜨리며 전쟁터로 달
려갔어요. 그들은 단숨에 국경선을 넘은 뒤 테살리아 땅으로 들어
갔어요.

"우리는 마케도니아의 군사들이다. 반란군을 쳐부수려고 왔다."

"필리포스 왕을 따르라. 선봉장은 알렉산더 왕자다."

용맹스럽고도 지혜롭기로 소문난 알렉산더 왕자가 선봉장이라는
말에 반란군들은 서로 눈치를 살피기 시작했어요.

그때 적을 공격하라는 테살리아 장군의 힘찬 명령 소리가 들려왔
어요. 순식간에 피비린내 나는 싸움이 벌어졌지요.

*출전
싸우러 나가는 것

*우레
벼락이나 번개가 칠 때 하늘이
요란하게 울리는 일. 천둥.

말발굽 소리, 창 부딪치는 소리가 요란했어요. 군사들의 비명 소리도 여기저기서 들려왔어요.

그러나 싸움은 애초부터 상대가 되지 않았어요. 결국 싸움은 마케도니아의 승리로 끝이 났답니다.

테살리아의 한 대신이 급히 달려와 필리포스 왕 앞에 무릎을 꿇었어요.

"폐하! 저희들의 잘못을 용서하십시오. 노여움을 거두시고, 저희들의 뜻을 받아 주십시오. 저희는 폐하와 용맹스러운 알렉산더 왕자님께 복종하고 충성을 다하겠다고 맹세합니다."

이렇게 해서 마케도니아는 테살리아의 반란을 눈 깜짝할 사이에 잠재우고 각서까지 받아 냈어요.

처음 전쟁에 나섰던 알렉산더 왕자는 너무도 쉽게 승리를 거둔 것이 못내 아쉬웠답니다.

마케도니아 군사들이 테살리아의 반란을 잠재웠다는 소문은 금세 여러 나라로 퍼졌어요. 아테네의 시민들은 씩씩하고 용맹스러운 알렉산더 왕자의 이야기에 두려움을 감추지 못했어요.

그 무렵 아테네는 서로 자신의 주장만 내세우다가 두 패로 갈라졌어요. 하나는 그리스를 하나로 통일하자는 의견을 내세우는 이소크라테스를 따르는 무리였고, 또 하나는 마케도니아를 정복하여 나라의 힘을 기르자는 데모스테네스*를 따르는 무리였어요.

데모스테네스는 마케도니아를 매우 얕잡아 보았어요.

"알렉산더가 아무리 용맹스럽다 해도 아직 애송이에 불과하다. 마케도니아 군은 아테네와 테베의 10만

연합군을 절대 못 당할 것이다."

데모스테네스는 아테네 광장에서 큰 소리로 외쳤어요.

"자, 지금부터 마케도니아를 공격한다!"

아테네와 테베 연합군은 하늘을 찌를 듯 함성을 지르며 마케도니아를 향해 진격했어요. 카이로네이아* 평원은 순식간에 전쟁터로 변하고 말았어요.

알렉산더 왕자는 연합군이 침략해 온다는 보고를 받고 즉시 선봉에 섰어요.

"나를 따르라! 덤벼드는 놈은 한 놈도 남기지 말고 목을 베어라."

그는 자신의 명마 부케팔로스의 등에 올라 칼을 뽑아 들고 앞으로 돌진했어요.

"앗! 저 번개 같은 자는 누구냐?"

연합군이 맥을 못 추고 무너지자 데모스테네스가 소리쳤습니다.

"나는 마케도니아의 왕자 알렉산더다!"

알렉산더 왕자의 우렁찬 목소리가 카이로네이아 평원에 쩌렁쩌렁 울렸어요.

화가 머리끝까지 치민 데모스테네스는 부하들에게 알렉산더 왕자를 잡아 오라고 명령했어요. 그러자 장군들 10여 명이 벌 떼처럼 알렉산더 왕자에게 달려들었어요.

"오냐, 모두들 덤벼 봐라!"

알렉산더 왕자는 현란*한 솜씨로 칼을 휘둘렀어요. 그러자 적장들의 목이 우수수 떨어졌어요.

알렉산더 왕자는 적군을 향하여 더욱 큰 소리로 외쳤어요.

"무기를 버리고 항복하라! 항복하는 자는 마케도니아 백성으로 필리포스 폐하의 사랑을 받으리라!"

이미 알렉산더에게 주눅이 들어 있던 아테네와 테베의 군사들은 그 말을 듣자마자 너나 할 것 없이 무기를 버리고 항복했어요.

알렉산더 왕자가 아테네와 테베의 10만 연합군을 무찌르고 돌아
오자, 나라 안은 온통 기쁨에 넘쳤어요.

필리포스 왕과 올림피아스 왕비도 말할 수 없이 기뻤답니다.

왕은 군사들을 위해 성대한 잔치를 베풀어 주었어요. 필리포스
왕은 알렉산더 왕자와 함께 연회장*으로 나가 연설을 했어요.

"오늘의 승리는 왕자의 영광만이 아니라, 우리 나라 모든 백성들
의 승리다. 자! 오늘 저녁에는 마음껏 먹고 마셔라. 그리고 즐겁
게 춤을 추어라."

왕의 말이 끝나자 우레 같은 박수와 함께 함성이 터져 나왔어요.

"필리포스 폐하 만세!"

"알렉산더 왕자 만만세!"

"마케도니아 만세, 만세, 만세!"

필리포스 왕은 군사들에게 손을 흔들어 답을 했어요.

그 후 그리스의 여러 도시국가 시민들은 아테네를 멸망시킨 마케
도니아의 알렉산더 왕자를 받들고 존경하게 되었어요.

알렉산더 왕자가 아테네를 크게 이긴 이야기는 페르시아를 거쳐
아시아와 아프리카 대륙에까지 널리 퍼져 나갔어요.

"마케도니아에 매우 용감한 왕자가 있다!"

"알렉산더 왕자가 아테네를 정복했다!"

이러한 소문에 필리포스 왕은 알렉산더가 자만에 빠지지 않도록
하기 위해 조용히 불렀어요.

"왕자는 지금 즉시 아테네로 가서 비통해 하는 시민들을 위로해
주어라. 아테네 시민들의 지지를 얻어야 막강한 힘이 생기는 것
이다. 그들은 죄가 없다. 그들을 달래 주면 모두 우리 편이 될 것
이다. 알겠느냐?"

"하지만 그 일은 큰 위험이 따르지 않겠습니까?"

"물론이지. 하지만 아테네 시민들의 지지를 받지 못하는 한 페르

시아를 정복하기가 불가능하다는 것을 알아야 한다."

알렉산더 왕자는 아버지의 명을 받고 두 장군과 함께 아테네로 떠났어요. 아테네는 매우 아름다운 도시였어요.

'아테네는 훌륭한 곳이로구나. 그러나 이곳은 너무 좁다. 나는 이보다 더 넓은 세계로 달려갈 것이다. 틀림없이 가장 위대한 정복자가 되고 말 거야.'

알렉산더 왕자는 파르테논 신전* 앞에서 머리를 숙였어요. 그는 그리스의 문화가 얼마나 찬란하며 우수한지 가슴 깊이 깨달았어요.

아테네 시민들은 알렉산더 왕자 일행을 뜨겁게 환영해 주었어요. 도시국가 아테네는 꿈 많은 알렉산더 왕자에게 세계 정복자로서의 눈을 크게 뜨게 해 주었답니다.

"세계를 정복하는 길은 저 훌륭한 아테네의 문화, 그리스의 찬란한 문화를 널리 전파하는 일이다. 이 꿈을 꼭 이루고 말리라!"

알렉산더 왕자는 아름다운 아테네를 보며 다시 한 번 굳게 다짐했어요.

왕이 된 알렉산더

전쟁마다 승리를 거둔 필리포스 왕은 조금씩 자만심에 빠져 들었
어요. 그는 점점 게을러지고, 술도 많이 마시고, 방
탕한 생활을 했어요.

"폐하! 나라의 기강이 무너지면 안 되옵니다."

왕은 충성을 다하던 신하들의 말에도 아랑곳하지 않았어요. 이를 지켜보는 알렉산더 왕자와 왕비는 걱정이 더욱 컸답니다.

그러던 어느 날 필리포스 왕은 후궁*을 들이겠다고 했어요. 올림피아스 왕비와 알렉산더 왕자는 강하게 반대했어요.

후궁이 될 여자는 바로 알렉산더 왕자의 친척인 아탈루스의 조카 딸 클레오파트라였어요.

이 일로 평화로웠던 왕실이 차가운 분위기에 휩싸였어요. 올림피아스 왕비가 화병으로 자리에 눕자 알렉산더는 아버지에게 문안드리는 일도 중단했어요.

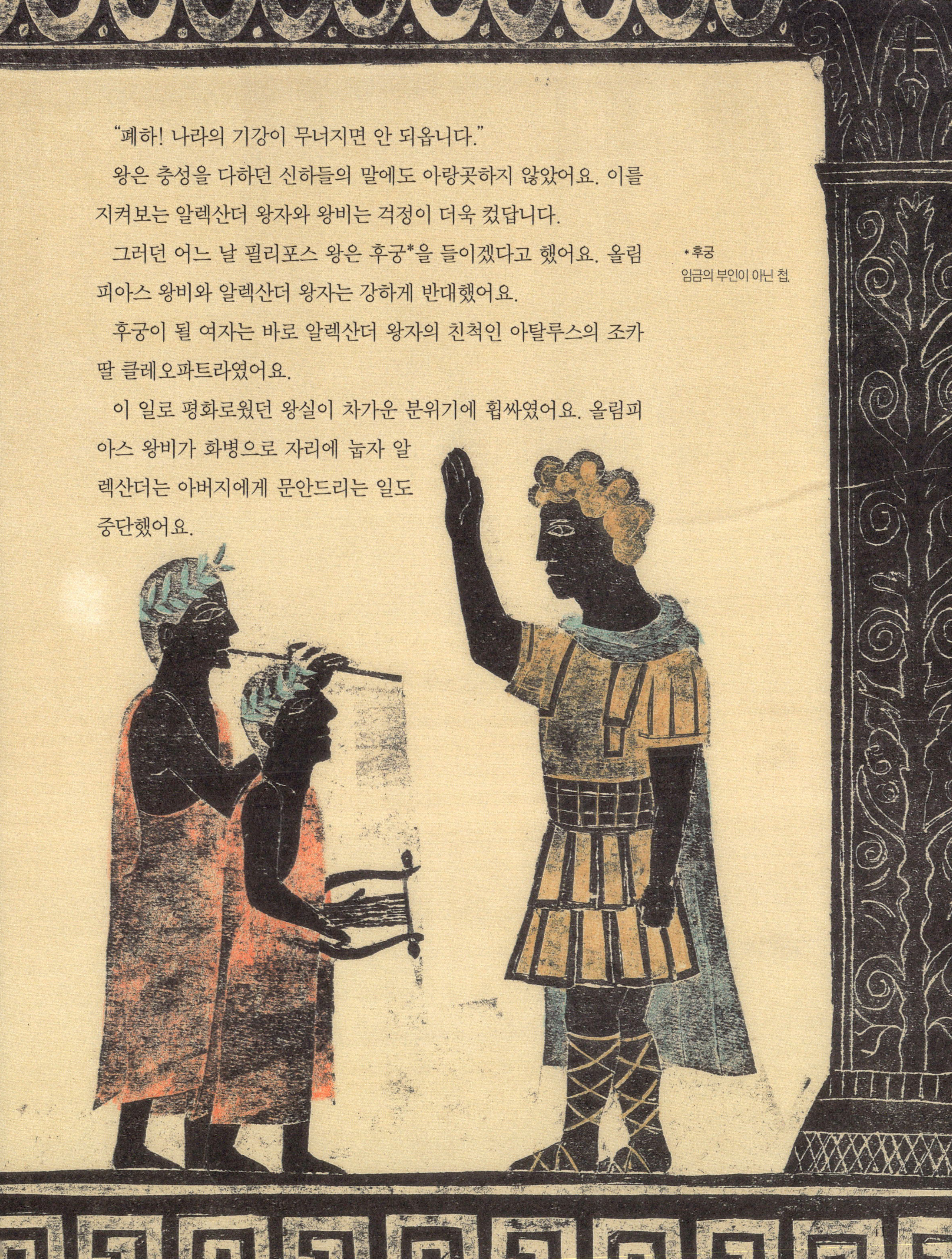

아버지와 아들 사이는 이렇게 점점 멀어져만 갔어요.

어느 날 필리포스 왕이 왕자를 불렀어요.

"알렉산더, 너는 나를 원망하고 있느냐? 이 일로 마음 아파하지 말고 너는 왕자로서의 네 소임*을 다해 주길 바란다."

"……."

알렉산더는 그런 아버지가 몹시 미웠어요.

필리포스 왕은 클레오파트라와의 결혼을 서두르고, 궁전 안에 호화로운 별채*를 지었어요.

결혼식에는 알렉산더를 비롯해 모든 장군과 신하들이 참석해 축하의 술잔을 올렸지만 올림피아스 왕비는 참석하지 않았어요.

필리포스 왕은 술에 취했고, 분위기가 무르익을 무렵 클레오파트라의 큰아버지 아탈루스가 한마디 했어요.

"두 분 사이에서 폐하의 뒤를 이을 위대한 왕자가 태어나길 기원합니다."

이 말을 들은 알렉산더 왕자는 몹시 화가 났어요.

"네 이 놈! 폐하의 뒤를 이을 왕자가 태어나길 기원한다고? 이 알렉산더는 왕자가 아니란 말이냐?"

흥분한 알렉산더를 본 필리포스 왕도 분노해서 아들을 향해 소리를 질렀어요.

"저런, 발칙한 놈!"

그 후로 왕과 왕자의 사이가 좋지 않다는 소문이 온 나라에 퍼졌어요. 필리포스 왕은 소문으로 어수선한 나라 안의 분위기를 잠재우기 위해 또다시 잔치를 벌였어요.

바로 그때 왕의 경호를 맡고 있던 신하가 식탁 위에 음식을 가져다 놓는 척하며 필리포스 왕의 가슴을 칼로 마구 찔렀어요. 필리포스 왕은 외마디 비명을 지르며 그 자리에 쓰러졌어요.

결국 필리포스 왕은 세상을 떠나고 말았습니다.

---

*소임
맡은 임무.

*별채
본채와 따로 떨어져 지어진 집.

아버지의 뒤를 이어 알렉산더 왕자가 마케도니아의 새로운 왕이 되었어요. 그때 그의 나이는 겨우 스무 살이었지요.

알렉산더 대왕의 대관식*에는 여러 동맹국의 친선 사절단*들이 참석하여 알렉산더가 마케도니아의 새 국왕이 된 것을 축하해 주었답니다.

대관식에서 알렉산더 대왕은 신하와 백성들 앞에서 엄숙하게 선언했어요.

"사랑하는 마케도니아의 백성들이여! 나는 마케도니아를 세계 제일의 강대국으로 발전시켜야 하는 책임을 맡게 되었소. 이를 위해 다음과 같은 통치 방침을 만천하에 선언하오. 나는 백성들이 원하는 일이라면 국왕의 명예를 걸고 꼭 이루어 줄 것이오. 내 유산의 절반을 가난한 백성들을 위하여 내놓겠소. 남은 유산의 절반은 나라를 위해 몸 바친 대신과 장군들에게 나누어 주고, 또한 큰 상을 내릴 것이오. 관리들의 부정부패*는 철저하게 처단하겠소. 감옥에 갇혀 고생하는 죄인들은 죄의 경중*을 가려 석방할 것이오. 군사와 무기를 더 많이 늘려, 나이 어린 왕이라 하여 다른 나라가 마케도니아를 얕보지 못하도록 하겠소."

사람들은 우렁찬 함성과 뜨거운 박수를 보냈어요.

"알렉산더 대왕, 만세!"

"마케도니아, 만세!"

알렉산더 대왕은 이렇게 열광하는 백성들과 신하, 장군들을 보면서 마케도니아의 새 국왕으로서 훌륭하게 나라를 이끌어 가리라는 다짐을 가슴 깊이 새겼어요.

어느 날 궁전의 살림을 맡아보는 신하가 조심스럽게 말했어요.

"폐하! 감히 말씀드리기 어려우나…… 폐하께서 대관식 때 말씀하신 것 가운데 유산의 절반을 저희들에게 나누어 주신다는 약속은 거두시는 것이 옳을 듯합니다."

*대관식
임금이 왕관을 쓰고 왕이 되었음을 세상에 알리는 의식.

* 친선 사절단
나라 사이에 좋은 관계를 만들고 유지하기 위해 외국에 파견되는 사람들.

* 부정부패
생활이 깨끗하지 못하고 썩을 대로 썩음을 가리키는 말.

* 경중
가볍고 무거움.

"그대들이 그런 걱정까지 해 주는 것은 고맙소. 하지만 나는 그깟 유산에 집착하지 않소이다."

이렇게 말한 알렉산더 대왕은 다시 한 번 자신의 비장한 각오를 얘기했어요.

"여러 대신들이여! 나의 꿈은 크게 두 가지요. 하나는 우리 마케도니아를 더욱 강한 나라로 발전시키는 것이고, 다른 하나는 그리스의 도시국가들을 모두 통일하고, 페르시아를 비롯해 아시아와 아프리카까지도 모두 정복해 세계 모든 나라들을 우리가 다스리는 것이오. 내 꿈이 이루어지면 세계가 모두 나의 것이 될 테니, 내가 가진 것이 하나도 없다고 걱정할 필요는 없소."

왕자로 있을 때도 세계 정복의 꿈을 거침없이 이야기했던 알렉산더 대왕은 이제 마케도니아의 국왕으로 만족하지 않겠다는 뜻을 분명히 선언한 것이었어요.

그리스를 평정*하다

*평정
평온하게 진정시킴.

"어쩌면 저렇게 잔인하게 파괴할 수 있을까?"

그리스 시민들은 테베가 함락되고 도시가 크게 파괴된 사실에 몸서리를 쳤어요. 알렉산더 대왕의 비위를 거슬렀다가는 언제고 테베처럼 파괴될 거라는 불안감을 떨칠 수가 없었지요.

알렉산더 대왕이 테베를 무참히 파괴한 이유는 오래 전부터 테베에 대해 적개심*을 품고 있었기 때문이기도 했고, 장차 알렉산더 대왕이 세계를 정복하기 위해선 첫 싸움에서 자신의 위력을 확실하게 보여 줄 필요가 있다는 생각 때문이었어요.

*적개심
적으로 여기고 분개하는 마음.

알렉산더 대왕의 군사들이 테베를 정복할 때 보물 사건이 발생했어요. 티모클레아라는 부인은 신분이 높고, 성격이 곧으며, 재물을 많이 가지고 있는 것으로 알려졌어요. 군사들은 그 저택을 부수기

▶ 사자 사냥을 하는 알렉산더 대왕.

전에 귀부인에게 점잖게 물었어요.

"부인, 듣자 하니 재물이 많다고 하던데요."

"잘못 알고 있군요. 예전에는 꽤 많았지만, 지금은 전혀 없어요."

부인은 애써 미소를 지으며 말했어요.

"좋게 말해선 안 되겠군. 어디에 숨겼느냐? 지금 당장 말하지 않으면 체포하겠다!"

군사들은 죄인 다루듯 다그쳐 물으며, 부인을 포박*하려 했어요.

"예! 저 우물 속에……."

한 군사가 부인이 가리키는 우물 속으로 고개를 들이민 순간, 부인은 그를 우물 속으로 떠밀어 버리려고 했어요.

결국 이 일이 실패하자 군사는 부인과 아이들을 함께 붙잡아 알렉산더 대왕 앞으로 끌고 갔어요.

"부인은 누구요?"

"나는 테아게네스 사령관의 딸이오. 나의 아버지는 당신의 아버지 필리포스 왕이 침공했을 때 그리스의 자유와 독립을 위하여 싸우다가 전사*하셨소!"

조금의 흐트러짐도 없이 당당하게 말하는 부인의 모습에 알렉산더 대왕은 그만 감탄하고 말았어요. 아무리 적국*의 시민이라 하지만, 부인의 용기와 곧은 기개에 존경심이 우러나왔답니다.

"저 부인과 아이들을 풀어 주어라! 부인은 아이들을 데리고 가고 싶은 곳으로 가시오."

처절한 전쟁터에서 적국의 부인을 살려 준 이야기는 정복자로서 알렉산더의 또 다른 면을 보여 준 것으로 유명하지요.

이후 알렉산더 대왕은 여러 나라를 정복할 때마다 부인과 어린아이들에게는 절대로 손을 대지 못하도록 엄명을 내렸답니다.

왕자 시절 아름다운 아테네의 모습에 감탄한 적이 있는 알렉산더 대왕은 아테네를 소중한 문화유산으로 생각했어요.

아테네를 정복한 알렉산더 대왕은 아테네의 평화와 번영을 위하
는 일에 온 정성을 쏟았어요.
"내 사랑하는 부하들은 들어라! 아테네는 너무나 아름다운 고적*
의 도시, 문화의 거리다. 길가에 서 있는 나무 한 그루라도 함부
로 손대지 말고 정복하라."
군사들은 알렉산더 대왕의 명령에 복종했어요.
알렉산더 대왕은 또한 아테네 시민들에게 당부하는
포고문*을 곳곳에 붙였어요.

존경하는 아테네 시민 여러분!

첫째, 아테네의 찬란한 역사와 위대한 건축물은 영
원히 간직해야 할 소중한 문화유산이다.
둘째, 이러한 문화유산을 파괴하는 자는 지위 고
하를 막론하고 엄단할 것이다.
셋째, 시민들은 전쟁의 소용돌이 속에 우왕좌
왕하지 말라.
넷째, 시민들은 이리저리 휩쓸리지 말고 신
중하고 품위를 지켜 주기 바란다.
다섯째, 우리 점령군은 아테네의 자유와
시민들의 권리를 존중할 것이다.
이상의 포고를 어기는 자는 가차 없이 엄벌
에 처한다.

마케도니아 왕 알렉산더

*고적
남아 있는 오래된 건물.

*포고문
일반 사람에게 널리 알리고자 쓴 글.

포고문만 보아도 알렉산더 대왕이 얼마나 아테네를 아끼고 사랑했는지를 알 수가 있지요.

이제 그리스는 알렉산더 대왕의 지배 아래 놓인 것이나 다름이 없었어요.

페르시아를 정복하는 문제로 그리스 도시국가의 대표들이 코린트에 모였어요.

"알렉산더 대왕을 총사령관으로 추천합니다."

회의에 참석한 모든 사람들이 알렉산더 대왕을 총사령관으로 추대했어요.

이렇게 하여 알렉산더 대왕은 '코린트 동맹국의 총사령관'이 되었답니다.

페르시아를 정복하다

그리스 연합군의 총사령관이 된 알렉산더 대왕은 세계 정복을 위한 자신의 구상*을 구체적으로 설계하기 시작했어요.

그의 구상은 페르시아, 아시아, 아프리카를 차례로 정복하는 것이었어요.

페르시아는 지난날 마케도니아를 수없이 멸망시키려고 했던 나라여서 알렉산더는 페르시아에 대한 감정이 매우 좋지 않았지요.

그리스 연합군의 총사령관으로서 페르시아 정복 계획을 치밀하게 준비했던 알렉산더는 모든 지휘관과 참모를 소집한 자리에서 부하에게 페르시아 정복 작전 계획을 설명하도록 명령했어요.

정복 일정, 군사 동원, 군수 물자 공급, 지원 부대 동원, 목표물 점검, 적군 섬멸과 포위 작전 등에 대해 정확하고 빈틈없이 짜 놓은 계획을 듣고 난 참모들은 그 치밀함에 모두 입이 딱 벌어졌어요.

욕심 많은 알렉산더 대왕은 부족한 점을 더욱 보완하기 위해 지휘관들에게 의견을 물었어요.

"자, 다른 의견들이 있으면 얘기해 보시오."

그러자 제3 지휘관이 입을 열었어요.

"페르시아는 워낙 강대국이라서 적의 복병을 물리치는 데는 상당한 어려움이 있을 것입니다. 그 대책도 필요하지 않을까요?"

"좋은 생각이오. 사실은 나도 그 점이 마음에 걸렸소. 페르시아는 함부로 대할 수 없는 강대국이오. 우리는 그들이 공격할 때마다 막아 내느라 무척 애를 먹었소. 한때 마케도니아를 빼앗길 뻔한 적도 있었소. 그런 과거가 있기에 여러분의 의견을 듣고자 하는 거요."

지휘관들은 저마다 기발한 의견을 내놓았어요. 이렇게 하여 페르시아 정복 작전 계획은 수정*을 거쳐 더욱 완벽하게 짜여졌어요.

페르시아는 워낙 잘사는 나라여서 식량도 넉넉하고 군사도 월등히 많았지요. 마케도니아 군은 식량이라고 해 봐야 고작 한두 달 버틸 수 있을 정도였고, 군사의 수도 페르시아보다 훨씬 적었어요.

그러나 조건이 나쁘더라도 용기 있게 밀어붙여야 한다는 강한 의지만큼은 알렉산더 대왕을 따를 자가 없었답니다.

알렉산더 대왕은 곧 어전회의*를 소집했어요.

"나 알렉산더는 그리스 연합군 총사령관으로서 이제 해외 원정길에 오르고자 하오. 그 첫 번째 목표는 페르시아요. 내가 원정에 나가 있는 동안 마케도니아의 통치는 안티파트로스에게 맡기고자

*수정
잘못된 점을 정리하고 고침

*어전회의
나라의 중요한 일을 위하여 임금과 신하가 모여서 하는 회의

하오. 이번 원정이 우리 마케도니아의 운명을 결정짓는다는 것을 깊이 깨닫고, 승리를 위하여 충성을 다해 주기 바라오.”

신하들은 상대가 안 되는 군사력으로 강대국인 페르시아를 정복하겠다는 것은 지나친 욕심이라고 생각했어요.

“폐하! 페르시아는 우리 나라보다 수십 배나 강한 나라입니다.”

“페르시아는 군사가 엄청나게 많습니다. 그런 나라를 우리가 어찌 공격합니까?”

그러나 알렉산더 대왕은 단호하게 잘라 말했어요.

“그런 걱정은 접어 두시오. 우리가 가는 길에는 오직 승리만이 있을 뿐이오.”

알렉산더 대왕은 드디어 출전 명령을 내렸어요.

“이제 세계 정복의 대장정*에 들어간다. 자, 북을 울려라!”

북 소리와 함께 우렁찬 함성이 천지를 진동하듯 울려 퍼졌어요.

“알렉산더 총사령관님, 만세!”

“그리스 연합군, 만세!”

이렇게 해서 알렉산더 대왕은 페르시아를 거쳐 아시아 · 유럽 · 아프리카로 이어지는 원정길에 올랐답니다.

이때 알렉산더 대왕의 나이 겨우 스물두 살이었어요. 그는 명마

* 대장정
머나먼 곳까지 가서 정벌함.

부케팔로스를 타고 앞장섰어요.

알렉산더 대왕의 뒤에는 5천 명의 기마병이, 그 뒤에는 그리스 연합군 군사들이 깃발을 높이 들고 그를 따랐어요.

연합군은 페르시아를 향하여 성난 파도처럼 돌진했어요. 헬레스폰토스 해협*을 건너 페르시아 땅에 올라섰을 때, 강 건너 멀리 페르시아 군사들이 성을 지키고 있는 모습이 보였어요.

"강을 건너라!"

알렉산더의 명령에 연합군 군사들은 주춤거렸어요.

"이 조그마한 강을 두려워한다면 어찌 페르시아를 정복할 수 있겠느냐. 우리는 저 넓고 험한 헬레스폰토스 해협도 건넜다. 저 성을 함락하면 페르시아는 우리 것이 된다. 자, 모두들 나의 뒤를 따르라!"

알렉산더 대왕은 부케팔로스를 탄 채 강물로 뛰어들었어요.

알렉산더의 말에 용기를 얻은 군사들은 한 명의 낙오자*도 없이 모두 강을 건넜어요.

알렉산더 대왕은 앞장서서 페르시아 군대가 지키고 있는 성을 향하여 나아갔어요. 그리고 펄펄 뛰는 사자처럼 산등성이로 치달아 올라갔어요. 기마병과 군사들도 힘차게 그 뒤를 따랐어요.

그리스 연합군이 침공해 온다는 보고를 받은 페르시아의 왕 다리우스 3세는 콧방귀를 뀌었어요.

"알렉산더 왕이 쳐들어온다고? 그런 애송이가 우리를 넘보다니 가소롭군."

마케도니아의 주력 부대가 성 가까이 이르렀을 때 성은 매우 조용했어요.

"앞을 살펴라!"

알렉산더 대왕의 말이 떨어지는 순간, 성에서 페르시아 군사들의 함성이 터지면서 화살이 비 오듯 쏟아졌어요.

　그때 알렉산더 대왕은 은밀하게 성문을 파괴하라는 명령을 내렸어요. 마케도니아 군사들로 짜여진 제3 병력단은 성문에 개미처럼 착 달라붙어 성문을 파괴하기 시작했어요.

　"와아! 성문이 파괴되었다!"

　성에서 화살을 쏘아대던 페르시아 군사들은 성 안에 불길이 치솟자 활을 팽개치고 갈팡질팡했어요.

　알렉산더 대왕은 페르시아 제일의 장군인 로에사케스와 스피트리다테스 두 사람을 상대로 치열하게 싸웠어요.

　창과 창이 부딪히고, 칼과 칼이 요란한 쇳소리를 내며 불꽃이 일었어요. 알렉산더 대왕은 적장의 가슴을 향하여 창을 힘껏 겨누었어요. 그러나 창은 로에사케스의 두꺼운 갑옷을 뚫지 못하고 땅에 떨어지고 말았어요.

　바로 그때 클레이토스 장군이 잽싸게 달려들어, 알렉산더를 향해 도끼를 던지려던 적장 스피트리다테스의 허리를 창으로 찔렀어요. 스피트리다테스는 외마디 비명을 지르며 푹 쓰러졌어요.

　위기에서 벗어난 알렉산더 대왕은 곧바로 로에사케스에게 달려들어 그의 옆구리를 칼로 힘차게 쳤어요. 로에사케스도 외마디 비명을 지르며 바닥에 쓰러졌어요.

　연합군의 기세는 하늘을 찌를 듯했어요. 두 사람의 장군을 잃은 페르시아 군사들은 우왕좌왕하다가 무기를 버리고 투항*했어요.

*투항
적에게 항복함.

　페르시아의 성에는 페르시아 국기가 사라지고, 대신 마케도니아와 그리스 연합군의 깃발이 펄럭였어요.

　알렉산더 대왕은 내친 김에 다리우스 왕이 있는 페르시아의 수도로 진격해 왕에게서 마케도니아의 지배를 받겠다는 항복의 글을 받아 냈답니다.

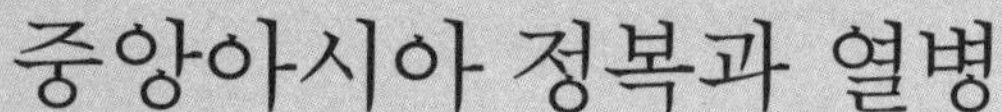

중앙아시아 정복과 열병

  알렉산더 대왕은 말머리를 중앙아시아로 돌려 질풍같이 돌진했어요. 그리스 연합군은 소아시아의 시리아를 눈 깜짝할 새에 점령하고 프리지아의 고르디움으로 치달았습니다.

  고르디움 궁전 앞 광장 한복판에 신전이 있었어요. 그 신전 기둥 옆의 널빤지에는 오래 전부터 내려오는 전설*이 새겨져 있었어요.

  '이 신전의 기둥에 매어져 있는 복잡한 매듭을 푸는 사람은 아시아를 지배하고 천하의 왕이 될 것이다.'

  알렉산더 대왕은 매듭을 유심히 들여다보았어요. 사람의 힘으로는 도저히 풀 수 없다고 판단하자, 그는 칼을 번쩍 들어 매듭을 내리쳤어요. 그러자 묶여 있던 매듭이 스르르 풀렸어요.

  "자, 전설 속의 매듭을 내가 풀었다. 나는 이제 천하의 왕이다."

  고르디움 시민들은 몹시 놀랐어요.

  이렇게 하여 고르디움도 순식간에 점령했답니다.

  알렉산더 대왕은 계속하여 중앙아시아를 진군하는 길에 뜻밖의 시련에 부딪혔어요. 군사들이 심한 열병에 걸린 것이었어요.

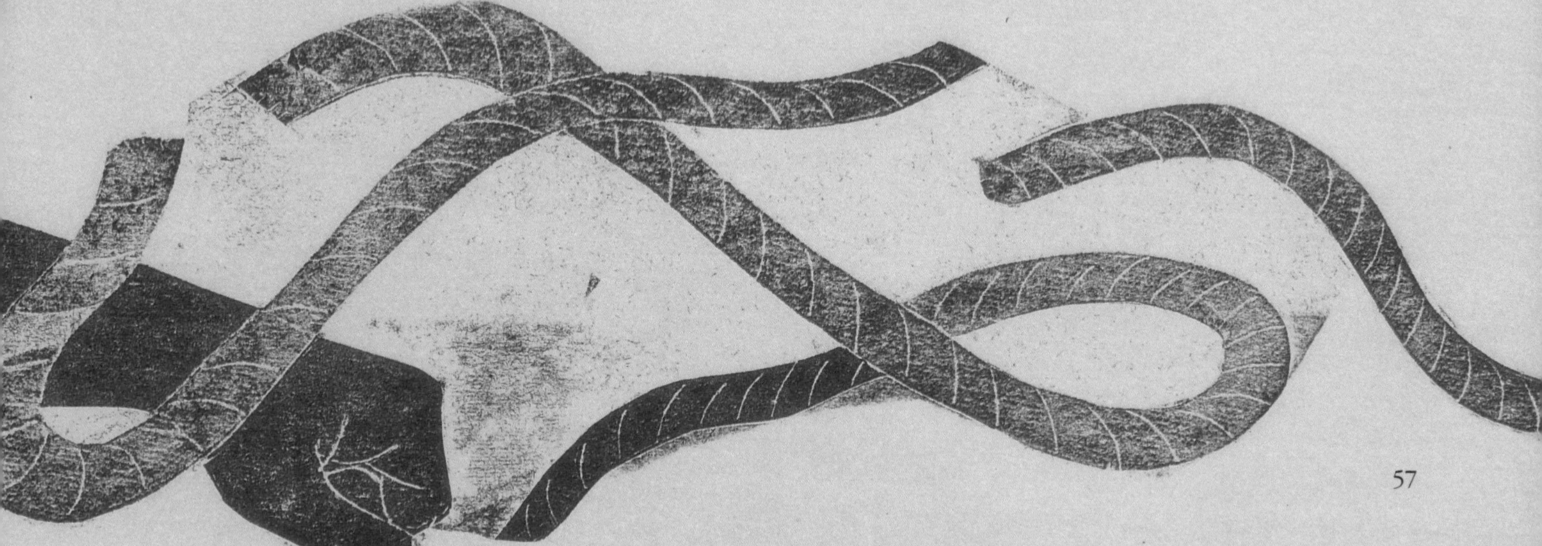

군사들의 병세를 지켜보던 알렉산더 대왕도 끝내는 열병에 걸려 자리에 눕게 되었어요. 알렉산더 대왕이 쓰러졌다는 소문은 금세 다리우스 왕의 귀에까지 들어갔어요. 다리우스 왕은 한숨을 내쉬었어요.

"뭐? 기회는 왔건만, 내겐 힘이 없구나!"

연합군의 참모들은 의사를 수소문했어요. 알렉산더 대왕의 열병이 점점 더 심해질 무렵 필리스라는 의사가 나타났어요. 그는 알렉산더 대왕이 어릴 때, 궁궐의 주치의를 잠시 지낸 적이 있던 사람이었습니다.

"폐하! 병이 너무 깊었습니다. 제가 정성껏 약을 지어 올리겠습니다."

"알았다. 너의 말을 따르마."

알렉산더 대왕은 필리스가 약을 지으러 나간 뒤, 곰곰이 생각에 잠겼어요.

'그가 왜 느닷없이 여기에 나타났을까?'

그는 주치의를 그만둔 뒤 마케도니아를 떠나 어딘가로 훌쩍 떠나 버린 사람이었어요.

한참 만에 필리스가 약을 가져다 놓은 뒤 잠시 밖으로 나갔어요. 그때 알렉산더 대왕 앞으로 급한 편지가 한 통 배달되었어요.

"파르메니오 장군이 보낸 편지군! 무슨 내용일까?"

알렉산더 대왕은 떨리는 손으로 봉투를 뜯었어요.

　　　폐하! 필리스는 다리우스 왕이 보낸 첩자*

* 첩자
상대방이 있는 곳에 몰래 들어가 비밀을 알아
내거나 상대방을 어려움에 빠뜨리는 사람.

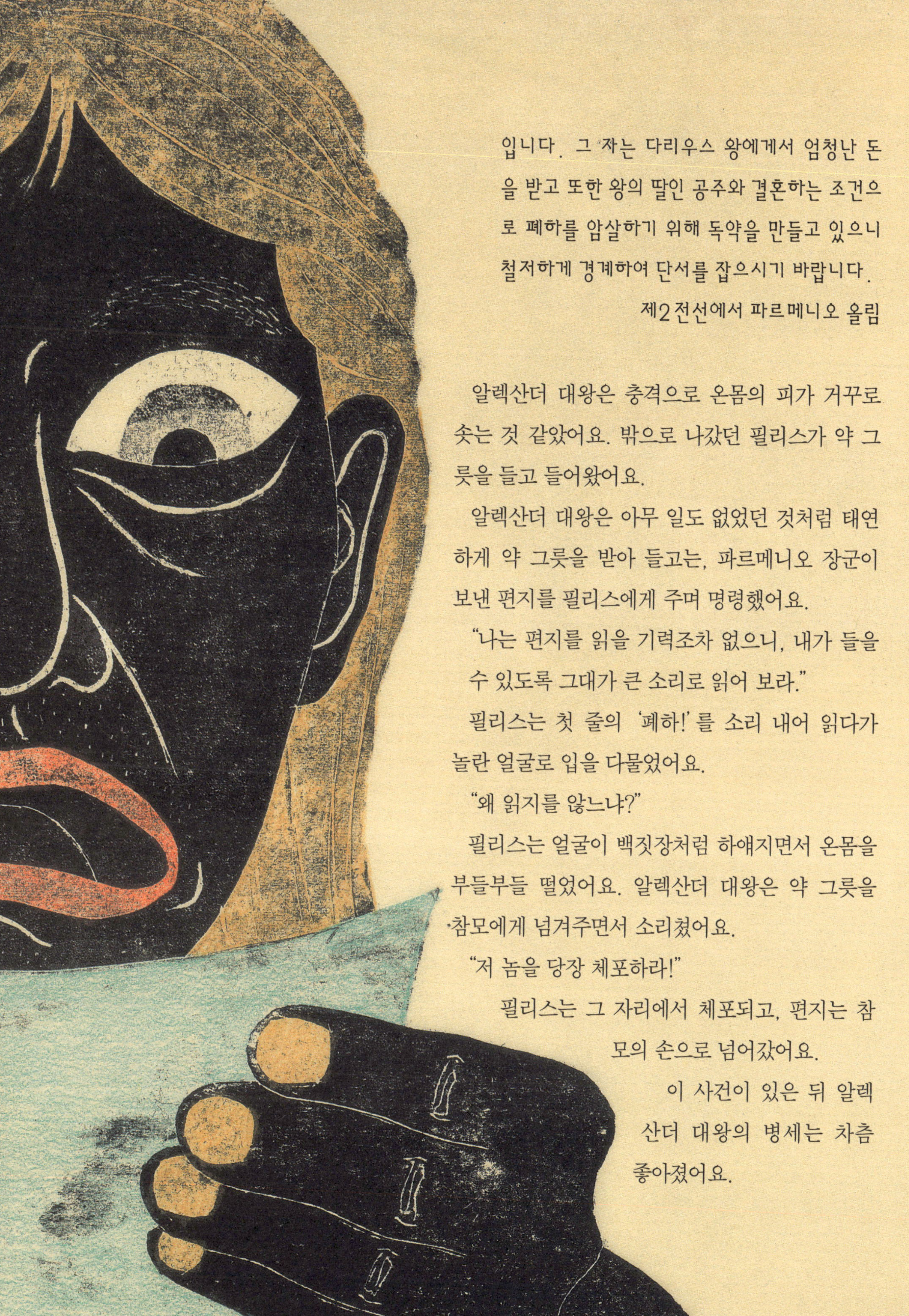

입니다. 그 자는 다리우스 왕에게서 엄청난 돈을 받고 또한 왕의 딸인 공주와 결혼하는 조건으로 폐하를 암살하기 위해 독약을 만들고 있으니 철저하게 경계하여 단서를 잡으시기 바랍니다.

제2 전선에서 파르메니오 올림

알렉산더 대왕은 충격으로 온몸의 피가 거꾸로 솟는 것 같았어요. 밖으로 나갔던 필리스가 약 그릇을 들고 들어왔어요.

알렉산더 대왕은 아무 일도 없었던 것처럼 태연하게 약 그릇을 받아 들고는, 파르메니오 장군이 보낸 편지를 필리스에게 주며 명령했어요.

"나는 편지를 읽을 기력조차 없으니, 내가 들을 수 있도록 그대가 큰 소리로 읽어 보라."

필리스는 첫 줄의 '폐하!'를 소리 내어 읽다가 놀란 얼굴로 입을 다물었어요.

"왜 읽지를 않느냐?"

필리스는 얼굴이 백짓장처럼 하얘지면서 온몸을 부들부들 떨었어요. 알렉산더 대왕은 약 그릇을 참모에게 넘겨주면서 소리쳤어요.

"저 놈을 당장 체포하라!"

필리스는 그 자리에서 체포되고, 편지는 참모의 손으로 넘어갔어요.

이 사건이 있은 뒤 알렉산더 대왕의 병세는 차츰 좋아졌어요.

다리우스 왕의 죽음

　페르시아의 다리우스 왕은 지금쯤 알렉산더 대왕이 죽었을 거라 좋아하며, 군사를 이끌고 그리스 연합군의 야전 본부가 있는 서쪽으로 진군하기 시작했어요. 메소포타미아 벌판으로 연합군을 유인하는 작전을 쓰기 위해서였지요.

　이수스 산기슭으로 이동하던 연합군은 페르시아 군사들이 공격해 오자 갑자기 사기가 하늘 높이 치솟았어요. 알렉산더 대왕은 오랜만에 입가에 웃음을 지었습니다.

그것도 모르는 다리우스 왕은 적진을 향해 사뭇 여유 있는 목소리로 외쳤어요.

"나는 페르시아 대제국의 다리우스 왕이다! 너희 졸장부 알렉산더는 내가 보낸 의사가 지어 준 약을 마시고 죽었다. 무기를 버리고 투항하라!"

바로 그때 알렉산더 대왕이 칼을 높이 쳐들며 소리쳤어요.

"이 놈, 다리우스야! 서로 친하게 지내자고 그토록 아양을 떨더니 그새 살인극을 꾸몄느냐? 보아라! 나 알렉산더는 이렇게 건재*하다. 내 칼이 곧 네 목을 칠 것이다!"

*건재
별다른 탈 없이 잘 있음.

다리우스 왕은 너무도 놀라 뒤로 자빠질 뻔했어요. 알렉산더 대왕은 허겁지겁 도망치는 다리우스 왕을 맹렬히 추격했어요. 그러나 열병을 심하게 앓고 난 뒤의 갑작스런 공격으로 지친 상태여서 다리우스 왕을 그만 놓치고 말았어요.

"분하다! 저 여우 같은 다리우스를 놓치다니! 다리우스의 궁전에
불을 질러라."

다리우스 왕의 궁전은 금세 하얀 잿더미로 변하고 말았어요. 알
렉산더 대왕은 페르시아 궁전 앞 광장에서 승전고*를 울렸답니다.

알렉산더는 페르시아에서 자랑스럽게 펄럭이는 마케도니아 국기
와 그리스 연합군의 깃발을 쳐다보며 감격의 눈물을 흘렸어요.

알렉산더는 다리우스의 목숨을 해치려고 싸움을 한 것이 아니라
오직 세계를 다스리는 대왕이 되고자 했지요. 알렉산더는 페르시아
포로들에게 안전을 보장하고 편안하게 지낼 수 있도록 배려했어요.

다리우스 왕의 두 딸은 물론 왕비에게도 정중하게 대해 주었지
요. 알렉산더 대왕이 포로들을 극진히 여긴다는 소문은 입에서 입
으로 퍼져 나갔어요.

그 즈음, 도망친 다리우스 왕은 부하 베수스에게 죽임을 당하고
말았어요. 이 소식을 보고받은 알렉산더는 크게 놀랐습니다.

알렉산더 대왕은 범인 베수스의 죄를 직접 심판했어요.

"들어라! 나라를 잃고 피신한 왕을 잘 모시지 않고 살해한 부하는
국왕과 역사와 백성들을 배신한 큰 죄인이다. 저 자를 극형에 처
하라! 사람이 사람을 배반하는 것보다 나쁜 죄는 없다."

다리우스 왕이 부하에 의해 살해되었다는 소식을 들은 왕비도 그
만 쓰러져 죽고 말았어요.

"다리우스 왕과 왕비의 장례를 정중히 치르도록 하라."

이 일로 페르시아 백성들은 알렉산더 대왕을 더욱 믿고 따르게
되었어요. 알렉산더 대왕은 다리우스 왕과 왕비의 장례를 치른 뒤,
페르시아 왕궁인 바빌론 궁전으로 들어가 황금 보석이 장식된 왕의
의자에 앉아 황금 왕관을 썼어요.

이리하여 두 차례의 공격전을 펼친 페르시아와의 싸움은 알렉산
더 대왕의 승리로 끝났답니다.

▲ 알렉산더 대왕의 이수스 전투.

64

대제국을 건설하다

알렉산더 대왕은 군사들에게 모이라는 명령을 내렸어요.

군사들은 궁금하다는 표정으로 바빌론 궁전 앞 광장에 모두 모였어요. 페르시아 백성들도 여기저기서 몰려들었어요.

알렉산더 대왕은 곧바로 연설을 시작했어요.

"사랑하는 그리스 연합군 여러분! 그리고 위대한 마케도니아의 군사 여러분! 우리는 그대들의 용맹스런 작전과 뜨거운 충성심으로 오랜 꿈이던 페르시아 정복을 달성하였다. 이제 페르시아 정복의 뒤처리도 웬만큼 끝난 상태다. 그대들도 충분한 휴식을 취했으니 이제 다음 정복지로 달려가고자 한다. 우리의 다음 정복지는 향료의 보물 창고인 티루스 성이다."

알렉산더는 사랑하는 어머니와 두 스승님께 향료를 드리기 위해 티루스를 정복했어요. 어머니에 대한 효성과 두 스승에게 감사하는 모습은 알렉산더의 인간적인 면모를 보여 주는 대목이에요.

페르시아에 이어 티루스 성까지 정복한 알렉산더 대왕은 이제 정복에 대한 자신감이 생겼어요.

지중해에 있는 나라들을 단숨에 삼켜 버린 알렉산더 대왕은 큰
소리로 외쳤어요.
"아시아 정복*은 이제 끝났다! 여기서 잠시 휴식을 취한 뒤, 말
머리를 남쪽으로 돌린다!"
"남쪽이라면 아프리카가 아닌가?"
"아프리카라면 이집트가 첫 목표겠지?"
그리스 연합군 군사들은 지중해의 파란 물결을 내려다보며 한마
디씩 했어요.
충분한 휴식을 취한 알렉산더 대왕은 군사들을 이끌고 남쪽으로
향했어요. 이윽고 바다를 건너 파로스 섬을 정복했어요.
알렉산더 대왕을 비롯한 모든 군사들은 웅장한 건물과 아름다운
풍경 앞에서 그만 넋을 잃고 말았어요.
"이 아름다운 곳에다 내 이름을 영원히 남기리라!"
알렉산더는 그곳에다 자신의 이름을 따서 '알렉산드리
아'라는 도시를 건설했어요. 후에 알렉산드리아는 지
중해 주변 국가들을 연결하는 상업과 무역, 문화의
중심지가 되었답니다.

알렉산더 대왕은 알렉산드리아를 건설한 뒤, 다시 공격을 개시하여 이집트까지 정복했어요. 그는 이집트 아몬의 신전에서 자신을 신으로 추앙*하도록 하는 의식을 거행했어요.

이로써 알렉산더 대왕은 살아 있는 신으로 인정을 받았어요.

이집트를 정복한 알렉산더 대왕은 페르시아의 바빌론 궁전으로 돌아왔어요.

마케도니아 왕으로 세계를 정복하고 돌아온 그에게 로마 사람들이 '알렉산더 대왕'이라는 호칭을 붙여 주었어요.

* 추앙
높이 받들어 우러러봄.

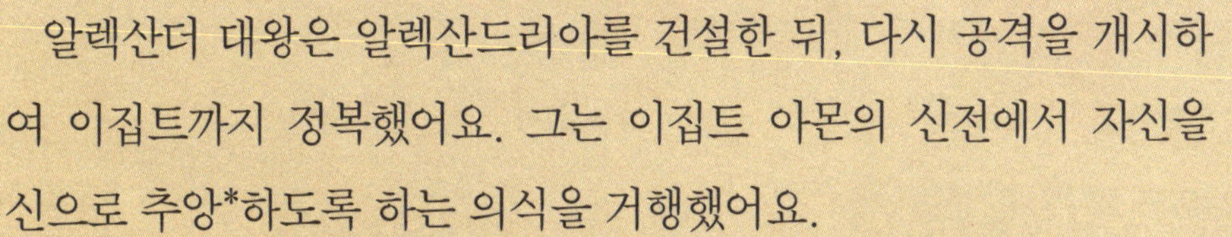

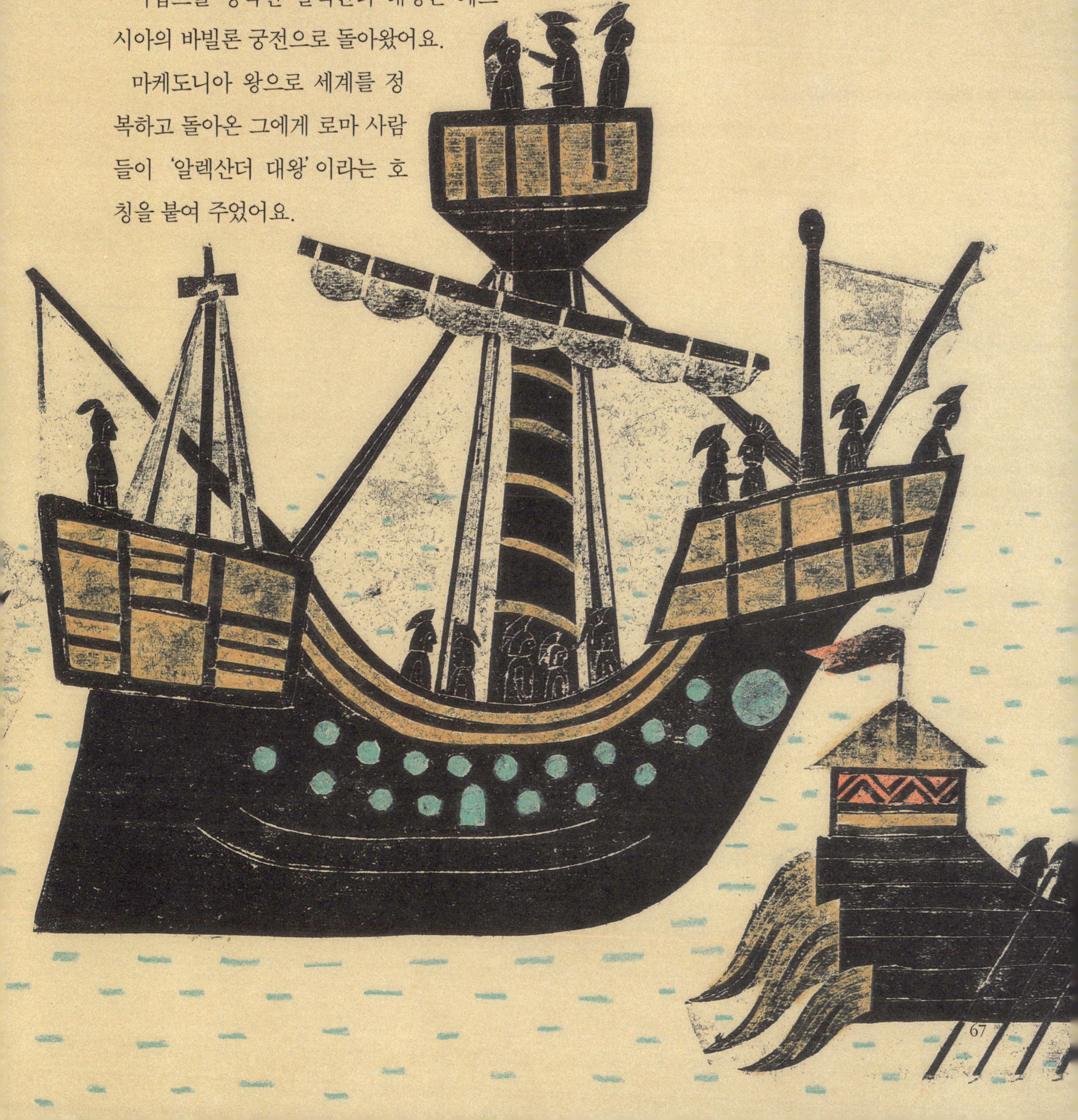

알렉산더 대왕은 페르시아의 바빌론 궁전이 있는 수사를 수도로 정하고, 정복지를 포함한 모든 나라들을 하나로 묶어 '알렉산더 대제국'을 건설했어요.

바빌론 궁전 앞 광장에서 새 나라에 대한 선포식을 거행했어요.

이 행사에는 마케도니아를 비롯해 그리스 동맹국, 정복지의 대표들과 외국 사절들도 초청되었어요.

알렉산더 대왕은 우렁찬 목소리로 말했어요.

"존경하는 국내외 사절 여러분! 그리고 사랑하는 백성 여러분! 여러분 앞에서 알렉산더 대제국의 건국을 선포합니다."

이윽고 새로운 대제국의 탄생을 축하하는 잔치가 성대하게 벌어졌어요.

알렉산더 대왕은 다음 정복 목표를 인도로 정했어요. 그러나 군사들 사이에는 이상한 움직임이 일어나고 있었습니다.

참모들이 어전으로 돌아왔어요.

"군사들이 고향을 떠난 지 벌써 10여 년이 되었다고들 합니다."

"음, 그렇구나!"

"그래서 모두들 이제는 고향으로 돌아가 부모님을 모시고 살기를 원합니다."

"그럴 테지. 결혼도 해야 하고……."

알렉산더 대왕은 잠시 생각에 잠겼어요. 이윽고 차분히 입을 열었어요.

"우리는 꿈에 그리던 페르시아를 정복하고 알렉산더 대제국도 세웠다. 그러나 아직도 세계 정복은 끝나지 않았다. 나도 홀로 되신 어머니 곁을 떠나 정복의 길을 떠난 지 10여 년이 넘었으니, 마케도니아로 왜 돌아가고 싶지 않겠는가. 하지만 우리들 앞에는 또 다른 일들이 기다리고 있다. 인도를 정복하고, 그리스와 페르시아, 다른 대륙의 문화까지도 융합*시켜야 한다. 그리하여 동양과 서양의 문화가 하나로 융합되어 새롭고도 찬란한 문화로 꽃을 피워야 한다. 그런 뒤에 나도 왕비를 맞아들이고, 그대들과 군사들에게도 어여쁜 아내들을 골라 짝을 지어 줄 생각이다. 내 뜻을 알겠는가?"

참모들은 아무 말도 할 수가 없었어요. 자신들의 속마음은 물론, 군사들의 마음까지도 알렉산더 대왕이 훤히 꿰뚫고 있었기 때문이지요.

알렉산더 대왕은 참모들을 물리치고 혼자 깊은 생각에 잠겼어요. 그는 페르시아 소년 3만 명을 모아 그리스 말을 가르치고 군사 훈련을 시키기로 마음먹었어요.

참모들의 반대가 심했지만 알렉산더 대왕의 생각은 너무나 확고했어요.

소년병 훈련 계획은 곧 실행에 들어갔어요.

이에 대해 한쪽에서는 반란 모의*가 일고 있었어요.

"할 수 없군. 고향으로 돌아가기도 틀렸고……."

"알렉산더 대왕을 죽일 수밖에……."

이 비밀은 곧 알렉산더 대왕의 경호원인 쿠르타스의 귀에 들어갔어요.

쿠르타스는 이 모의에 가담한 사람들을 모조리 체포했어요.

체포된 사람들 중에는 뜻밖에도 알렉산더에게 무예를 가르쳤던 필로타스 장군, 명마 부케팔로스에게 채여 쓰러졌던 클레이토스 장군, 필리포스 왕의 경호를 맡았던 파르메니오 장군 등도 끼여 있었어요.

알렉산더는 그들의 무예가 아까워 목숨만은 살려 주고 싶었지만, 참모들의 반대로 결국 그들을 죽일 수밖에 없었답니다.

알렉산더 대왕은 그 후 사흘 밤낮을 울며 슬퍼했어요.

'안 되겠다. 인도 정복에 앞서 합동 결혼식부터 주선해야겠다.'

▲ 그리스의 중장 보병.

* 반란 모의
반란을 꾀하려고 모여서 의논함.

　이렇게 마음을 바꾼 알렉산더 대왕은 참모들을 불러 그 뜻을 밝히고 바빌론 궁전 앞에 다음과 같은 공고문을 붙이도록 일렀어요.

　　공고문

　　알렉산더 대제국 군사들의 아내가 될 페르시아 신부 후보들은
　　신청하기 바람.

알렉산더 대왕

　많은 여성들이 신청하여 신부 후보가 1만 명을 넘어섰어요.
　알렉산더 자신도 페르시아 다리우스 왕의 딸을 왕비로 맞아 같은 날 결혼을 하기로 했답니다.
　대규모 국제 합동 결혼식은 페르시아의 수도인 수사에서 거행되었어요.
　이 흐뭇한 광경을 본 페르시아 백성들은 덩실덩실 춤을 추면서 새롭게 탄생하는 신혼부부들의 앞날을 진심으로 축복해 주었어요.
　알렉산더 대왕은 또한 합동 결혼식이 끝난 뒤 신부와 함께 고향으로 돌아가기를 희망하는 모든 군사들의 뜻을 들어 주기로 했어요.
　기마병 3천 명과 보병 2만여 명만 남고, 나머지 군사들은 모두 고향으로 돌아가겠다고 했어요.

*** 정예군**
특별히 뽑은 날래고 용맹스러운 군대.

*** 편성**
모아서 체계를 갖춤.

　알렉산더 대왕은 남은 군사들로 알렉산더 대제국의 정예군*을 편성*했어요. 또한 정예군 편성식 겸 귀향하는 군사들의 송별식을 바빌론 궁전 앞 광장에서 엄숙하게 치렀어요.
　알렉산더 대왕이 단상에 올랐어요. 인사를 올리는 정예군의 행동은 마치 한 사람의 동작 같았어요. 그리스 연합군에 비하면 훨씬 규

율 있고 패기가 넘쳐 보였어요.

"그대들은 위대한 이 나라의 명예를 빛내고자 여기 모였다. 그대들은 새로 탄생한 알렉산더 대제국의 영광스런 정예군이다. 우리는 찬란한 역사와 문화를 자랑하는 페르시아를 정복하고 알렉산더 대제국을 건국했다. 앞으로 페르시아를 완전 통치하기 위해 남은 일은 인도를 정복해 대제국으로 편성하는 일이다. 나 알렉산더는 이 마지막 과업을 이루기 위해 여기 남아 정예군을 지휘한다. 자, 인도로 떠나자!"

알렉산더 대왕의 연설이 끝나자, 정예군의 함성이 바빌론 광장을 뒤흔들며 하늘 높이 메아리쳤어요.

알렉산더 대왕은 명마 부케팔로스 위에 올라타고 앞장섰어요. 인도로 돌진해 가는 알렉산더 대제국 정예군의 기상*은 너무나 늠름하고 씩씩했지요.

고향으로 돌아가겠다던 연합군들도 대부분이 발길을 돌려 정예군의 뒤를 따랐어요. 알렉산더 대제국 정예군은 무서울 정도로 빠른 기세로 인도 땅으로 들어갔어요.

"뭐라고? 알렉산더 대제국 군대가 침략해 온다고?"

태평성대를 누리던 인도의 포로스 왕은 뜻밖의 소식에 매우 놀랐어요.

포로스 왕은 서둘러 군대를 동원하라고 명령을 내렸어요. 그는 코끼리 등에 올라타고 창을 높이 쳐들었어요.

"자, 나를 따르라!"

코끼리를 타고 군사를 지휘하는 포로스 왕을 멀리서 바라본 알렉산더 대왕은 저절로 웃음이 터져 나왔어요. 그리고 승부는 이미 결정 났다고 생각했지요.

그러나 코끼리 부대가 앞장선 인도 군대의 반격도 만만치 않았어요. 싸움은 의외로 치열하게 전개되었어요.

알렉산더 대왕은 전술을 바꾸어 후퇴하는 척하면서 포위하는 작전을 썼어요. 이 작전에 속아 포로스 왕은 포로가 되었어요.

알렉산더 대왕은 곧바로 인도의 여러 지방을 거쳐 완전 정복에 들어가려고 했어요.

그러나 너무나 오랜 정복 전쟁에 지친 군사들이 노골적으로 반대하는 바람에 진로를 바꿀 수밖에 없었어요. 그는 인도의 히파시스 강 언덕에서 방향을 돌려 인더스 강 하구에 이르는 지역을 정복했어요.

▲인도 펀자브 주에 있는 황금 사원.

고국으로 돌아가자!

알렉산더 대왕은 오랜 싸움에 지친 정예군들을 위하여 잔치를 베풀었어요. 부하 중 한 명이 왕에게 말했어요.

"폐하의 목표가 모두 달성되었으니 이제 그만 고국으로 돌아가셔야지요."

알렉산더 대왕은 대답을 미룬 채, 고국이 있는 서쪽의 하늘만 한참 동안 물끄러미 바라보았어요.

"그래, 고국으로 돌아가자!"

알렉산더 대왕의 뜻밖의 말에, 참모들과 정예군들은 모두 어리둥절했어요.

"나의 명령이 들리지 않는가? 우리는 이제 고국으로 돌아간다!"

정복지 인도 땅에 주저앉아 있던 정예군들은 그제야 펄쩍펄쩍 뛰며 함성을 질러댔고, 서로 부둥켜안으며 눈물을 흘렸어요.

이 모습을 본 알렉산더 대왕도 눈시울*을 적셨어요.

알렉산더 대왕은 정예군들을 이끌고 귀국 길에 올랐어요.

"고국으로 돌아가는 길에 페르시아 땅을 다시 한 번 밟아 보자."

알렉산더 대왕이 정예군들에게 말했어요. 정예군들도 그렇게 하기를 희망했어요.

정예군들이 페르시아 바빌론 광장 어귀에 이르렀을 때, 많은 사람들이 쏟아져 나왔어요. 그들은 놀랍게도 늠름한 군사들이었어요.

"아니! 웬 군대가 여기에……."

"폐하! 저희들은 소년병들이옵니다. 폐하께서 페르시아 소년 3만

* 눈시울
속눈썹이 난 눈의 가장자리.

명을 모아 군사 훈련을 가르치게 한 그 소년들이 바로 저희들입
니다. 폐하의 가르침에 따라 이렇게 믿음직한 용사들로 자라고
있습니다."
　알렉산더 대왕은 자신의 뜻대로 페르시아 소년병들이 늠름하고
도 훌륭하게 자라고 있는 것에 대해 말할 수 없는 기쁨을 느꼈어요.
　그는 귀국 길을 잠시 늦추고 소년병들과 정예군들을 위하여 큰
잔치를 준비했습니다.

군사들은 대정복의 길에 지칠 대로 지친 몸과 마음의 피로를 풀면서 마음껏 즐겼어요.

하룻밤으로 끝내려던 잔치는 사흘씩이나 이어졌어요.

알렉산더 대왕은 잠시 쉬는 와중에도 아라비아 원정을 준비하며 대제국의 영토를 확장하는 계획을 구상했답니다.

갑자기 알렉산더 대왕의 몸이 불덩이처럼 뜨거워졌어요. 또다시 심한 열병에 걸린 것이었어요.

이번에는 전에 전쟁터에서 걸렸던 열병보다 더 열이 높았어요.

알렉산더 대왕의 왕비는 온갖 정성을 다하여 그를 간호했어요.

"왕비, 나는 더 이상 살 수 없을 것 같소."

알렉산더 대왕은 삶을 이미 체념한 듯 이렇게 이야기했어요.

왕비는 알렉산더 대왕의 손을 꼭 잡으며 간곡히 기도했어요.

"신이여, 대왕 폐하에게 건강을 주시옵소서! 어서 쾌차*하셔서 대제국을 다스리게 하소서!"

> *쾌차
> 병이 말끔히 나음.

그러나 알렉산더 대왕은 왕비의 기도에도 아랑곳하지 않고 그 순간 조용히 눈을 감고 말았어요.

때는 기원전 323년, 알렉산더 대왕의 나이 겨우 서른세 살이었어요.

한눈에 보는 알렉산더의 생애

알렉산더는 마케도니아의 왕 필립포스 2세와 왕비 올림피아스 사이에서 태어났으며, 알렉산더 대왕, 알렉산드로스 3세라고도 합니다. 그는 페르시아 제국을 무너뜨리고 마케도니아의 군사력을 인도까지 진출시켰으며, 헬레니즘 세계의 토대를 쌓았어요. 다재 다능하고 용감하고 지혜로웠던 그는 살아 있을 때부터 전설적인 이야기의 주인공이었고, 사후에는 더욱 거대한 전설의 주인공이 되어 세계 역사의 큰 인물로 전해 내려오고 있답니다.

▲ 알렉산더 대왕의 어머니 올림피아스와 아버지 필리포스 2세.

● 알렉산더 대왕이 살았던 시대

마케도니아 왕국은 그리스 북쪽에 있던 고대 국가였습니다. 아테네의 번영을 시샘한 스파르타와의 충돌로 시작된 펠로폰네소스 전쟁은 스파르타의 승리로 끝났지요. 하지만 이 전쟁의 영향으로 그리스의 도시국가들은 급속히 분열되고 쇠퇴하였고, 그리스 반도 전체가 전쟁으로 황폐해졌습니다.

이때 그리스 반도 북쪽에 자리한 마케도니아는 오히려 그리스 문화를 적극적으로 받아들이고, 군비를 강화했어요. 그리하여 필리포스 2세는 내란을 진압해 국력을 강화하고, 트라키아를 병합하는 등 국토를 수배로 확장했으며, 기원전 338년에는 그리스의 여러 도시국가를 항복시키고 헬라스 동맹을 결성하여 그리스 전체를 지배하게 되었습니다.

알렉산더 대왕은 바로 이런 상황 속에서 태어나, 아버지 필리포스 2세를 이어 왕이 되었습니다. 즉, 마케도니아가 정치적으로나 군사적으로 발전이 고조되는 시기에 그는 그 발전에 박차를 가하는 자리에 앉게 된 것이지요.

● 아리스토텔레스에게서 배우다

알렉산더 왕자는 어려서부터 활쏘기, 말 타기, 창 던지기, 달리기 등 못 하는 것이 없었어요. 게다가 훌륭한 스승, 레오니다스와 당대 최고의 철학자 아리스토텔레스에

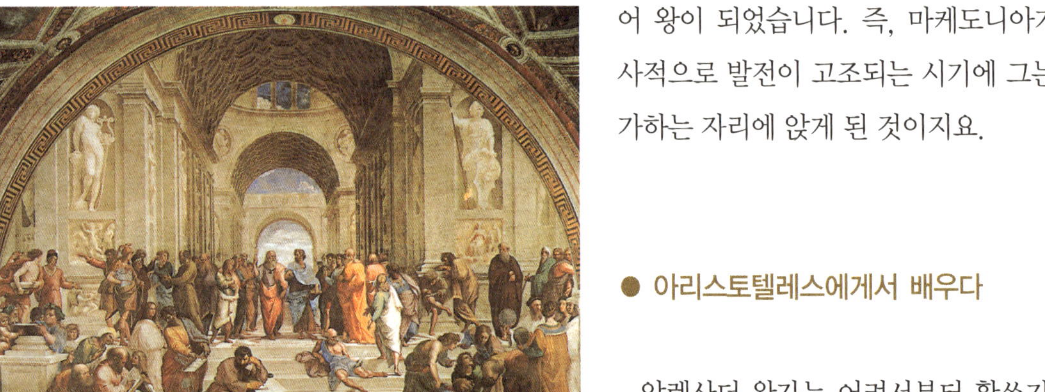

▲ 라파엘로가 그린 〈아테네 학당〉.

▲ 헤라클레스에게 죽임을 당한 네메아의
사자 가죽을 걸치고 있는 알렉산더.

게서 여러 가지 무예와 학문을 배웠지요.

아리스토텔레스는 알렉산더 대왕이 세계를 정복하는 동안에도 언제나 힘이 되어 준 스승이었어요. 그는 어린 알렉산더에게 삶의 지혜와 보람 있게 사는 법도 가르쳤지요. 또한 세계를 정복하고 다스리기 위해 필요한 덕목들도 가르쳤답니다. 그런 수련을 쌓은 덕분에 정복만을 일삼는 난폭한 왕이 아닌, 포로와 적국의 왕족들까지 극진히 보살피는 아량도 가질 수 있었던 거지요.

알렉산더 왕자는 아버지의 용맹함과 어머니의 인자함을 물려받고, 훌륭한 스승의 지혜까지 익혀 어느 것 하나 부족함이 없는 훌륭한 인품을 갖추었답니다.

그는 한번 마음먹은 일은 반드시 이루고야 마는 성격이었고, 항상 선과 악을 가려서 행동했어요. 또한 그리스 문화에 대한 사랑은 무척 남달랐지요.

● 세계 정복의 길에 나서다

알렉산더가 전쟁터에서 보여 준 용맹과 군사를 부리고 지휘하는 용병술은 정말로 대단했어요. 테살리아에서의 첫 전쟁으로부터 아테네, 그리스, 페르시아를 평정하기까지 쉴 새 없이 정복의 길을 나선 강한 의지는 인간의 능력을 뛰어넘는 수준이었지요. 또다시 이집트를, 인도를 정복하기까지 세계 정복에 대한 그의 신념은 무서울 정도로 강했답니다.

그는 오로지 파괴만을 일삼은 정복자는 아니었답니다. 자신이 정복한 땅마다 '알렉산드리아'라는 도시를 세워 자신이 사랑한 그리스풍의 문화와 동양의 문화를 결합하여 새로운 헬레니즘 문화가 꽃필 수 있는 터전을 마련했습니다.

▲ 알렉산더 대왕의 스승이었던 아리스토텔레스.

▶ 알렉산더가 아끼던 명마 부케팔로스.

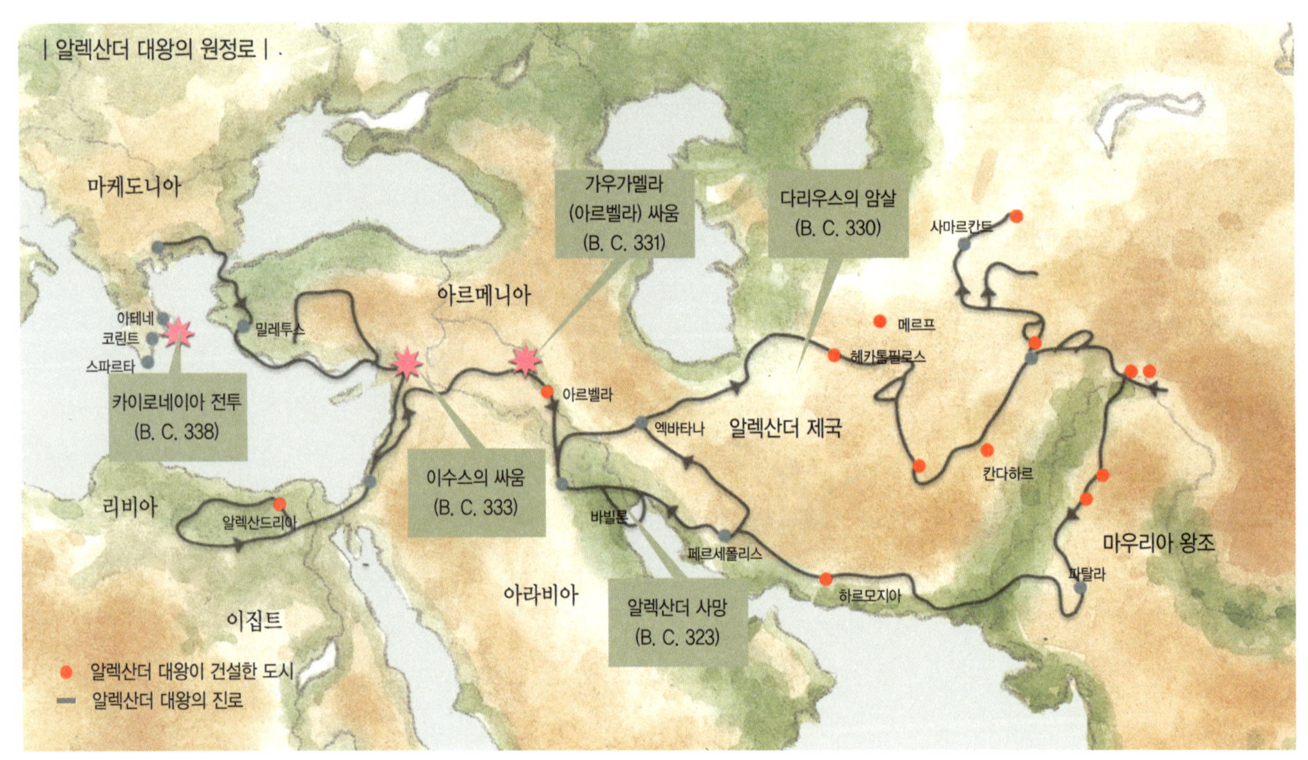

● 지혜롭고 인자한 대왕 알렉산더

알렉산더 대왕은 왕위에 올랐을 때 아버지에게서 물려받은 유산의 절반을 가난한 백성들을 위해 서슴지 않고 내놓았고, 남은 절반 또한 나라를 위해 몸을 바친 사람들에게 골고루 나누어 주었어요. 또 그리스를 평정할 때는 부하를 우물에 빠뜨려 죽이려 한 적국의 여인을, 그녀의 아버지가 필리포스 왕과 싸우다가 전사했다는 말을 듣고는 너그럽게 용서해 주기도 했어요.

사랑하는 사람들에게 선물로 주기 위해 향료가 많은 티루스 성을 정복한 뒤 어머니와 두 스승에게 보낸 편지에서는 알렉산더 대왕의 자상함에 감탄하지 않을 수 없게 됩니다.

또 페르시아 정복 후, 결혼을 못한 군

| 알렉산더 대왕 시대의 인물들 |

다리우스 3세

페르시아 제국 아케메네스 왕조의 마지막 왕이에요. 기원전 337년에 마케도니아의 왕 필리포스 2세가 다리우스의 사주를 받은 것으로 보이는 사람에게 암살당하는 일이 발생했어요. 기원전 336년에 필리포스 2세의 뒤를 이어 왕이 된 알렉산더 대왕은 헬레스폰토스 해협을 건너 그를 공격했습니다. 전투 태세가 전혀 갖춰지지 않았던 페르시아 군은 그라니코스 강 전투에서 참패하고 말았습니다.

셀레우코스 1세

셀레우코스는 알렉산더 대왕 휘하의 장군이었어요. 그는 알렉산더 대왕의 아버지 시대의 장군이었던 안티오코스의 아들이었습니다. 기원전 323년 알렉산더 대왕이 죽은 뒤 벌어진 내분 속에서 셀레우코스는 바빌론의 총독이 되었고, 다시 시리아와 이란을 중심으로 한 대제국의 왕이 되었어요.

프톨레마이오스 1세

알렉산더 대왕 휘하에 있던 마케도니아 장군 출신으로, 훗날 이집트의 왕이 되어 프톨레마이오스 왕조를 열었어요. 이 왕조는 알렉산더 제국의 판도 안에서 세워진 어떤 왕조보다 오랫동안 지속되었으며, 기원전 30년에 로마에 굴복했어요.

인들을 위해 만 쌍이 넘는 군사들의 합동 결혼식을 치러 주었던 일 등은 알렉산더 대왕이 얼마나 지혜롭고 인자한 왕이었는지를 잘 보여 주지요.

● 알렉산더 사후의 세계

33세의 젊은 나이로 알렉산더 대왕이 생을 마친 후, 마케도니아 왕국은 내분에 휘말려 급속히 몰락했어요. 알렉산더 대왕 휘하에 있던 세 명의 장군들은 알렉산더 대왕이 정복했던 넓은 영토에 새로운 나라를 세웠습니다.

그리하여 알렉산더 사후 그리스 세계는 프톨레마이오스가 세운 이집트의 프톨레마이오스 왕국, 셀레우코스가 세운 시리아 왕국, 바빌로니아의 셀레우코스 왕국의 세 강대국과, 안티고노스의 자손에 의해 유지된 잔존 마케도니아 왕국으로 세력이 나누어졌지요.

이 나라들의 번영으로 인도에서 지중해에 이르는 동서 교통로가 열리게 되었고, 상업과 무역의 발달로 문명의 보급과 융합이 큰 발전을 이루었습니다. 이때의 문화는 동양과 서양이 융합된 성격을 띠게 되어 이전의 그리스 문화와는 구분됩니다.

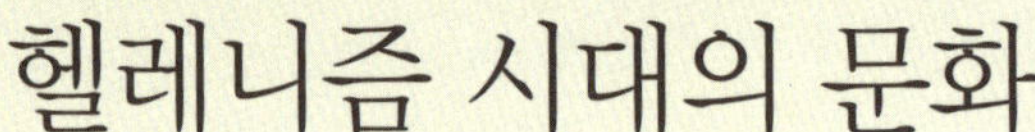

헬레니즘 시대의 문화

● 헬레니즘이란 무엇일까요?

헬레니즘은 '말하다' 또는 '그리스 인처럼 행동하다' 라는 뜻의 그리스 어에서 유래했어요. 즉 헬레니즘이란, 그리스 고유의 문화와 오리엔트(동양) 문화가 융합하여 이루어진 세계주의적인 예술·사상·정신 등을 특징으로 하는 문화의 큰 흐름을 말합니다.

역사적으로는 알렉산더 대왕의 죽음에서 로마 제국에 의한 이집트 합병(B. C. 323~B. C. 30)까지의 대략 3세기에 걸친 기간이며, 지역적으로는 주로 고대 그리스 본토와 알렉산더 대왕의 뒤를 이은 여러 왕들에 의해 점령된 땅에까지 이르렀어요.

헬레니즘 문화는 한때 에게 해 주변의 전 지중해 세계를 지배하고, 카르타고 등의 다른 나라에까지 확산되었으며 그 영향력이 서쪽은 영국, 동쪽은 인도의 펀자브 지방까지 뻗어갔습니다.

● 헬레니즘 시대의 문화

알렉산더 대왕이 정복한 각지에 만든 새로운 폴리스와, 그 뒤 셀레우코스 왕들이 영내에 많이 만든 새로운 폴리스가 중심이 되어, 그리스 문화는 오리엔트의 오지에까지 침투했어요. 그리고 헬레니즘 세계에서는 간소화한 그리스 어가 공통어(코이네)로 사용되었습니다.

알렉산더 대왕은 오리엔트적인 전제 군주풍의 의례를 채용하고, 페르시아

◀ 〈밀로의 비너스〉

▲ 이수스 전투에서 페르시아의 다리우스 왕과 싸우는 알렉산더 대왕.　　　　▲ 알렉산더 대왕의 대리석 관의 부조.

▲ 페르시아 제국의 수도였던 페르세폴리스 궁전.　　▲ 페르세폴리스 벽면의 부조.　　▲ 인도의 펀자브 주에 있는 황금 사원.

왕녀와의 결혼, 페르시아 귀족을 친위대로 채용하는 등 이민족 통치의 수단으로서 그리스 문화와 오리엔트 문화의 결합을 시도했어요. 즉, 전대와는 다른 새로운 헬레니즘 문화가 탄생한 것이지요. 그리고 이로써 그리스 인이 이민족을 야만시하던 관념은 희박해지고 '세계 시민주의'가 등장했습니다.

이 시대의 학문과 예술의 중심지는 알렉산드리아 · 아테네 · 페르가몬 등이었는데, 특히 문헌학 · 자연과학 등이 발달했고, 창조적인 문학 등은 오히려 쇠퇴했습니다.

이 시대의 조각은 매우 훌륭하나, 전시대의 특징인 '이상화'는 약화되고 보다 사실적 · 육감적으로 변모하였으며, 육체의 운동과 정신의 격동 등을 나타내기를 좋아하였습니다. 〈라오콘〉, 〈밀로의 비너스〉, 〈사모트라케의 니케〉 등은 이 시대를 대표하는 조각들입니다. 일반적으로 이 시대에는 그리스 문화의 창조성이 점차 사라지고 있었다고 평가합니다.

◀ 〈라오콘〉

▲ 이집트의 피라미드.

알렉산더 (B. C. 356~B. C. 323) 연표

B. C.	알렉산더의 생애	한국사 주요 사건	세계사 주요 사건
356	그리스 북부 마케도니아의 필리포스 왕과 올림피아스 왕비의 아들로 태어남.	철기 문화 들어옴(B. C. 400).	소크라테스, 독배를 마심(B. C. 399).
343	열세 살에 당대 최고의 철학자 아리스토텔레스에게서 철학 · 문학 · 과학 · 의학 · 정치학 등을 배움.		코린트 전쟁 발발(B. C. 395).
338	테살리아의 반란을 평정함. 아버지를 따라 카이로네이아 전쟁에 참가하여 아테네와 테베의 10만 연합군을 격파하고 첫 승리를 거둠.	신평 선암리 유적, 진양 대평리 유적 형성(B. C. 350).	그리스, 소아시아의 페르시아 귀속 승인(B. C. 386).
336	필리포스 왕이 죽자, 그 뒤를 이어 왕위에 오름. 테베와 아테네를 정복함. 그리스의 철학자 디오게네스를 만남.	승주 오봉리 고인돌 유적, 제주 오라동 지석묘 등 형성(B. C. 310).	로마에서 리키니우스-섹스티우스 법 성립(B. C. 367).
334	그리스를 평정하고 그리스 연합군 총사령관으로 선출됨. 페르시아 원정. 세계 정복의 길에 오름.	중국의 연이 요동에 장성을 축성하여 기자조선과 국경을 삼음(B. C. 300).	마케도니아를 맹주로 하는 헬라스 동맹 성립(B. C. 338).
331	소아시아 지방 고르디움을 정복함.		
330	페르시아 다리우스 왕과 두 번째 보복전에 승리, 바빌론 궁전을 장악함.	대동강 유역에 철기문화 널리 시작 (B. C. 300).	아리스토텔레스가 아테네의 북동부에 학원 창설(B. C. 335).
326	티루스 성 함락, 파로스 섬에 알렉산드리아 도시 건설, 이집트 정복 등 알렉산더 대제국을 세움. 바빌론 궁전이 있는 수사를 수도로 정하고, 동양과 서양의 문화를 하나로 합치기 위한 여러 가지 정책을 폄. 페르시아 왕 다리우스의 딸을 왕비로 맞음. 알렉산더 대제국 정예군을 편성함. 연합군 1만 명을 합동 결혼시킴.	한문자 전래(B. C. 300). 원삼국 시대 시작(B. C. 300).	
323	열병에 걸려 33세의 나이로 세상을 떠남.		

① 알렉산더 대왕은 어느 나라 왕자로 태어났나요?

② 알렉산더 왕자가 가장 존경하고 섬겼던 스승은 누구였나요?

③ 알렉산더 왕자가 물려받은 명마의 이름은 무엇인가요?

④ 알렉산더 왕자가 처음으로 아버지 필리포스 왕을 따라가 싸운 전쟁터는 어디였나요?

⑤ 필리포스 왕이 후궁으로 맞았던 여인의 이름은 무엇이었나요?

⑥ 후궁의 큰아버지로 잔치에 참가하여, 새로운 왕자의 탄생을 기원한다고 말해 알렉산더의 기분을 상하게 했던 사람은 누구였나요?

⑦ 알렉산더 대왕이 페르시아를 정복할 때 끝까지 버텼던 왕은 누구였나요?

⑧ 알렉산더 대왕이 어머니와 스승에게 향료를 선물하기 위해 정복한 곳은 어디인가요?

⑨ 알렉산더 대왕은 이집트를 정복하고 '알렉산더 대제국'을 건설한 후 수도를 어디로 정했나요?

⑩ 알렉산더 대왕이 마지막으로 코끼리 부대와 싸워 이긴 곳은 어디였나요?

⟨교과서 큰 인물 이야기⟩ 교과 수록 및 연계표

테마	권	작품	교과 수록 및 연계
의지와 기상	01	광개토대왕	초등학교 읽기 5-1 8.함께하는 세상 166쪽, 사회과 탐구 5-1 1.하나 된 겨레 20쪽, 중학교 역사(상) II.삼국의 성립과 발전, 대교 42쪽
	02	을지문덕	초등학교 사회과 탐구 5-1 1.하나 된 겨레 28쪽, 중학교 역사(상) III.통일 신라와 발해, 두산동아 71쪽
	03	계백	중학교 역사(상) III.통일 신라와 발해, 대교 78쪽
	04	김유신	초등학교 사회과 탐구 5-1 1.하나 된 겨레 30쪽, 중학교 역사(상) III.통일 신라와 발해, 두산동아 74쪽
	05	강감찬	초등학교 듣기·말하기·쓰기 4-2 2.하나씩 배우며 34쪽, 중학교 역사(상) IV.고려의 성립과 발전, 두산동아 104쪽
	06	이순신	초등학교 사회과 탐구 5-1 3.유교 전통이 자리 잡은 조선 102쪽, 도덕 6 1. 귀중한 나, 참다운 꿈 19쪽
	07	알렉산더	중학교 역사(상) VII.통일 제국의 형성과 세계 종교의 등장, 대교 235쪽
	08	나폴레옹	초등학교 생활의 길잡이 3-2 1.소중한 나 17쪽
	09	칭기즈 칸	중학교 역사(상) IX.교류의 확대와 전통 사회의 발전, 대교 288쪽
지혜와 용기	10	장보고	초등학교 읽기 4-2 5.정보를 모아 98쪽, 사회과 탐구 5-1 1.하나 된 겨레 34쪽, 중학교 역사(상) III.통일 신라와 발해, 대교 96쪽
	11	왕건	초등학교 사회과 탐구 5-1 2.다양한 문화를 꽃피운 고려 44쪽, 중학교 역사(상) IV.고려의 성립과 발전, 두산동아 98쪽
	12	최영	사회과 탐구 5-1 3.유교 전통이 자리 잡은 조선 76쪽, 중학교 역사(상) V.고려 사회의 변천, 대교 167쪽
	13	정약용	초등학교 도덕 4 1.최선을 다하는 생활 17쪽, 국어 6-1 읽기 6.타당한 근거 122쪽, 중학교 도덕 1 1.도덕적 주체로서의 나, 미래엔 52쪽
	14	세종대왕	초등학교 사회과 탐구 5-1 3.유교 전통이 자리 잡은 조선 83쪽, 읽기 6-2 5.언어의 세계 125쪽
	15	황희	초등학교 생활의 길잡이 4-2 3.따스한 손길 행복한 세상 57쪽
	16	성삼문	중학교 역사(상) VI.조선의 성립과 발전, 미래엔컬처그룹 178쪽
	17	이항복	중학교 도덕 1 II.우리·타인과의 관계, 두산동아 97쪽
	18	신채호	초등학교 사회과 탐구 5-2 2.새로운 문물의 수용과 자주독립 67쪽, 중학교 역사(상) III.통일 신라와 발해, 대교 80쪽
자유와 인권	19	링컨	초등학교 읽기 4-2 3.서로 다른 의견 49쪽, 도덕 5 2.감정, 내 안에 친구 41쪽
	20	간디	초등학교 도덕 6 4. 서로 배려하고 봉사하며 79쪽, 중학교 국어 1-2 4.체험과 깨달음, 디딤돌 125쪽, 도덕 2 III.사회·국가·지구 공동체와의 관계, 두산동아 177쪽
	21	전봉준	초등학교 사회과 탐구 5-2 2.새로운 문물의 수용과 자주독립 43쪽
	22	안중근	초등학교 도덕 6 6.용기, 내 안의 위대한 힘 120쪽, 사회과 탐구 5-2 2.새로운 문물의 수용과 자주독립 37쪽
	23	마틴 루터 킹	초등학교 사회 6-2 1.우리나라의 민주 정치 41쪽, 듣기·말하기·쓰기 6-2 6.생각과 논리 122쪽, 중학교 도덕 2 III.사회·국가·지구 공동체와의 관계, 두산동아 176쪽
	24	만델라	초등학교 생활의 길잡이 6 6.용기, 내 안의 위대한 힘 99쪽, 중학교 도덕 2 1.일과 배움, 디딤돌 56쪽
	25	김구	초등학교 도덕 3 8.자랑스러운 대한민국 209쪽, 사회과 탐구 5-2 2.새로운 문물의 수용과 자주독립 37쪽
	26	유관순	초등학교 도덕 3-1 5.나라를 사랑하는 마음 99쪽, 읽기 5-1 8.함께하는 세상 170쪽, 사회과 탐구 5-2 2.새로운 문물의 수용과 자주독립 37쪽
	27	안창호	초등학교 도덕 6 2.책임을 다하는 삶 45쪽, 사회과 탐구 5-2 2.새로운 문물의 수용과 자주독립 37쪽, 읽기 6-2 3.문제와 해결 78쪽
예술과 창조	28	신사임당	중학교 역사(상) VI.조선의 성립과 발전, 대교 197쪽
	29	김홍도	초등학교 읽기 4-2 2.하나씩 배우며 32쪽, 중학교 역사(상) VI.조선의 성립과 발전, 대교 199쪽
	30	이중섭	초등학교 듣기·말하기·쓰기 6-2 1.문학과 삶 14쪽
	31	레오나르도 다 빈치	중학교 역사(상) VIII.다양한 문화권의 형성, 대교 279쪽
	32	모차르트	초등학교 음악 6 1.나가자! 달리자!, 금성출판사 13쪽, 중학교 음악 1 5.자연을 노래하는 우리, 금성출판사 74쪽
	33	베토벤	중학교 도덕 2 IV.문화와 도덕, 미래엔컬처그룹 265쪽, 도덕 3 IV. 삶과 종교, 두산동아 183쪽, 천재교육 198쪽
	34	슈베르트	중학교 음악 1 6.서정을 노래하는 우리, 금성출판사 88쪽
	35	안데르센	초등학교 듣기·말하기·쓰기 6-1 국어 교실 함께 가꾸기 146쪽
	36	셰익스피어	고등학교 문학(상) II. 문학의 수용, 미래엔컬처그룹 92쪽, 문학(하) X.한국 문학과 문화, 교학사 307쪽
	37	톨스토이	초등학교 읽기 4-2 4.이럴 때는 이렇게 74쪽, 읽기 5-2 6.깊은 생각 바른 판단 158쪽, 중학교 도덕 3 I.삶의 목적, 중앙교육진흥연구소 42쪽
	38	스필버그	고등학교 문학(상) V.극문학의 수용과 창작, 태성 310쪽